U0936478

珍藏本
纪念版

汉译世界学术名著丛书

武 士 道

〔日〕新渡户稻造 著

张俊彦 译

商务印书馆
SINCE 1897 The Commercial Press

2017年·北京

新渡户稻造 著
武　士　道
日本岩波书店“岩波文库”1972年版
据东京岩波书店“岩波文库”本1972年版译出
翻译时曾参考了东京丁未出版社1905年英文本

汉译世界学术名著丛书
（120年纪念版·珍藏本）
出 版 说 明

2017年2月11日，商务印书馆迎来120岁的生日。120年前，商务印书馆前贤怀揣文化救国的理想，抱持“昌明教育，开启民智”的使命，立足本土，放眼寰宇，以出版为津梁，沟通中西，为中国、为世界提供最富智慧的思想文化成果。无论世事白云苍狗，潮流左右激荡，甚至战火硝烟弥漫，始终践行学术报国之志，无改初心。

迻译世界各国学术名著，即其一端。早在20世纪初年便出版《原富》《天演论》等影响至今的代表性著作，1950年代后更致力于外国哲学和社会科学经典的译介，及至1980年代，辑为“汉译世界学术名著丛书”，汇涓为流，蔚为大观。丛书自1981年开始出版，历时三十余年，迄今已推出七百种，是我国现代出版史上规模最大、最为重要的学术翻译工程。

丛书所选之书，立场观点不囿于一派，学科领域不限于一门，皆为文明开启以来，各时代、各国家、各民族的思想与文化精粹，代表着人类已经到达过的精神境界。丛书系统译介世界学术经典，引领时代思想，为本土原创学术的发展提供丰富的文化滋养，为推动中国现代学术和现代化进程做出了突出的贡献。

为纪念商务印书馆成立120周年，我们整体推出“汉译世界学术名著丛书”120年纪念版的珍藏本，寄望既利于文化积累，又便于研读查考，同时向长期支持丛书出版的译者、编者和读者致以敬意。

两甲子后的今天，商务印书馆又站在了一个新的历史时间节点上。我们不仅要铭记先辈的身影和足迹，更须让我们的步伐充满新的时代精神。这是商务人代代相传的事业，更是与国家和民族的命运始终紧密相连的事业。我们责无旁贷，必须做好我们这代人的传承与创造，让我们的努力和成果不仅凝聚成民族文化的记忆，还能成为后来人可以接续的事业。唯此，才能不负前贤，无愧来者。

商务印书馆编辑部

2017年10月

译者前言

本书作者新渡户稻造(1862—1933),是日本的一位思想家、教育学家。早年毕业于札幌农学校,并在该校接受洗礼,成为一个基督教信徒。1884年他去美国约翰·霍普金斯大学深造,在取得博士学位后又转赴德国留学,于1891年返日。回国后先后在札幌农学校、京都大学、东京大学等校任教。1918年任东京女子大学第一任校长。后来在1920年又曾任国际联盟书记局事务次长,并为日本的学士院会员、贵族院议员,1933年客死于加拿大。主要著作除《武士道》外,尚有《农业本论》、《修养》、《自警录》、《伟大群像》等书,而以本书最为有名。

《武士道》一书是作者于1899年在美国宾夕法尼亚州养病时,有感于外国人对日本的传统武士道知之甚少,为了向国外介绍而用英文写成的。由于作者本人是一个在幼年时亲自接受过武士道传统教育的日本人,因此,正如作者所说,他在介绍时,与别的外国的日本研究者至多只不过是个"辩护律师"不同,"可以采取被告人的态度"。的确,我们在读到他所系统介绍的武士道的种种方面时,颇有入木三分之感。同时,由于作者是为了向国外作介绍而写的,行文中大量引用了西方的历史和文学典故进行比较,所以就更便于外国读者阅读和理解。正因为如此,本书一出版就引起了外

国读者的极大兴趣。据作者自序说，当时的美国总统西奥多·罗斯福不仅自己亲自读了此书，还以此书分赠其友人。光是本书的日本版从1900年到1905年的6年之间就重版了10次，本书还被译成了多种文字，在世界的日本研究书目中占有重要位置。目前在我国的日本研究正深入到探讨日本的文化传统、民族特性对当代日本的影响之时，相信把这本颇享盛名的著作译为中文以飨读者，或许不无意义。自然，由于本书是在将近一个世纪之前写出来的，其中有些观点不免有过时之感，同时，由于作者本人的立场所限，有些观点也很值得商榷。这是希望读者们注意的。

中译本是根据日本岩波书店出版的岩波文库中，由矢内原忠雄所译的日译本1972年第14版转译的，在翻译时并参考了东京丁未出版社1905年出版的第10版增订版的英文原著。日译者矢内原忠雄是新渡户稻造的学生，也是一位著名的日本经济学家，曾任东京大学校长。日译本略去的作者为便于外国读者理解而就一些日本风俗习惯所作的脚注，中译本都恢复了，又添加了一些我们认为有助于中国读者了解的译注。凡中译者所加注释，均加"——译者"字样，作者原注加"——作者"字样，未加标注的均为日译者的注释。对日译本原来按日本假名顺序所作人名索引，都改按汉语拼音顺序重新排列，以便检索。

中文译文承蒙姜晚成先生细心校阅，多所匡正，谨此深表谢意。由于译者的水平所限，译文有不妥之处，还望读者指正。

张俊彦

1990年7月于北大中关园

目　　录

日译者序

这是先师新渡户博士所著英文《武士道》的全译本。博士开始撰述本书是在1899年(明治三十二年)因病逗留美国疗养的时候,即博士38岁那年。同年在美国(费城利兹和比德尔公司)、翌年在日本(裳华房)出版,尔后曾多次再版。在1905年(明治三十八年)第十版时,进行增订,在美国(纽约G.P.普特南之子出版社)和日本(丁未出版社)发行。又在博士逝世后的1935年(昭和十年)由研究社加上博士遗孀的序言发行了新版。

明治三十二年,是日中甲午战争之后4年、日俄战争之前5年,世界对日本的认识还极其幼稚的时代。正在这时,博士在本书中以洋溢的爱国热情、眩博的学识和雄劲的文笔向世界广泛宣扬了日本道德的价值,其功绩是可同三军的将帅相匹敌的。本书刺激了世界的舆论,理所当然地被广泛翻译成各国文字。诚然,在博士的许多著作中,可以毫不踌躇地称本书为其代表性杰作。

本书的日文译本,曾在明治四十一年由樱井鸥村先生译出。樱井先生根据新渡户博士的亲自指教和解释,曾写出本书的详细注释,而且他的译文据说是全部经过博士校阅,所以原著中所引用的日文、中文文章或其出处,大体上可以信赖樱井先生。我虽尽量亲自查核了这些文章,但查核不到的就转用了樱井先生译书中的全部或部分注释。其他译词借助于先生的也不少。

樱井先生的译作是非常有名的译本。但是我之所以敢于尝试重新翻译本书的原因是，除了由于樱井先生的译本绝版已久不易找到之外，还由于更加缺乏汉文字素养的现代日本人对先生的译文或恐难以理解，同时也不能说该译本在内容上就毫无瑕疵。

一般认为原著的英文在文风上深受卡莱尔的影响，有时简洁雄劲得似乎很生硬，在真挚的行文中夹杂着诙谐和嘲讽，言辞华丽等，对不习惯于此文风的人来说，这决不是一本容易阅读的书。不过，对仔细玩味的读者说来，却是足以沁入内心深处的大手笔。我在翻译的时候，曾试图多少再现原著文章所具有的这种风格，但是究竟取得几分成功便有待读者判断了。

原著中就日本固有的风俗习惯或一些事物，为外国人所加的脚注(如琵琶、莺、挂轴、柔道、跪坐、棋盘、雨窗等)，我在翻译时省略了。反之，为便于日本读者了解，对有关的若干事项却在正文中作了补充。所有译者的补充均用六角括号〔〕标出。又，新版取代原著中的索引，附加了主要人名索引，并附记了简单的说明，兼作译者的注释。

矢内原忠雄

昭和十三年(1938年)7月于东京自由之丘

谨以这本小书献给我所敬爱的叔父——太田时敏，他教导了我敬重过去并仰慕武士的德行。

第一版序

大约 10 年前，我受到比利时的已故著名法学家德·拉维莱先 11
生的款待，并在他那里盘桓了几天。有一天在散步时，我们的话题转到了宗教问题。“您是说在你们国家的学校里没有宗教教育吗？”这位尊敬的教授问道。“没有”，我这么一回答，他马上大吃一惊，突然停下了脚步，又问道：“没有宗教！那么你们怎样进行道德教育呢？”这个话语使我难以忘怀。当时他这一问倒使我愣住了。我对此没能马上作出回答。因为我在少年时代所学的道德训条并不是在学校所教授的。自从我对形成我的正邪善恶的观念的各种因素开始进行分析之后，我才发现正是武士道使这些观念沁入了我的脑海。

我写这本小书的直接动机，是由于我的妻子经常问我如此这般的思想和风俗为什么会在日本普遍流行、理由何在而引起的。

我试图给予德·拉维莱先生和我的妻子以满意的回答。不过，我了解到，如果不了解封建制度和武士道，那么现代日本的道德观念毕竟会是一个不解之谜。

正好由于长期卧病而被迫终日无所事事，我把家庭谈话中对 12
妻子的一些回答整理出来，现在公之于众。它的内容主要是我在少年时代，当封建制度还盛行时所受到的教诲和所听说的事情。

夹在一方面有拉夫卡迪奥·赫恩和休·弗雷泽夫人，另一方面又有欧内斯特·萨托爵士和张伯伦教授之间，要用英文来写一些有关日本的事，的确是使人气馁的一件工作。不过，我所以胜过这些大名鼎鼎的理论家的唯一优点在于，他们只不过是站在律师或检察官的立场，而我却可以采取被告的姿态。我经常想，“如果我能有他们那样的语言才干的话，我将会以更加雄辩的言词来陈述日本的立场！”但是，用借来的语言来说话的人，如果能使自己所说的意思得到理解，那也就该谢天谢地了。

贯串这部整个著述，我试图从欧洲的历史和文学中引用类似的事例来说明我自己要论证的各点。因为我相信这会帮助外国读者更便于理解这些问题。

我谈到宗教上的问题或有关传教士的话，即使万一被认为有侮辱性的言词，但我相信我对基督教本身的态度是毋庸置疑的。
13 我并不是对基督的教谕本身，而只是对教会的做法以及使基督的教谕变得暗淡的各种形式不寄予同情而已。我相信基督所教导的、并由《新约圣经》所传留的宗教，以及铭刻于心的律法。我还相信上帝在一切民族和国民中——不论是异邦人或犹太人，基督教徒或异教徒——都结成了被称为“旧约”的圣经。至于我对神学的其他看法，就不再赘述了。

在结束这篇序言的时候，我要对我的朋友安娜·C.哈茨霍恩所给予的许多有益的建议，表示谢意。

新渡户稻造

1899 年 12 月于宾夕法尼亚州的莫尔文

增订第十版序

这本小书自从 6 年前发行初版以来，有着一段预期不到的经 14
历，其结果是超乎预料的丰富多彩。

日本版已重印了 9 版。这一版为了提供给全世界的英语国家读者使用，在纽约和伦敦同时发行。直到现在为止，本书已由印度的德夫(Dev)先生译成马拉地语，由汉堡的考夫曼(Kaufmann)小姐译成德语，由芝加哥的霍拉(Hora)先生译成波希米亚语，由伦贝格[①]的“科学与生命协会”译成波兰语。正在准备着挪威语版和法语版，汉语译本也在筹划中。再者，《武士道》的若干章节已用匈牙利语和俄语提供给各该国读者。在日语方面，已经刊印了几乎可以说是注解本的详细的介绍[②]，此外，为了学习英语的学生，已由我的朋友樱井先生编写了详细的学术性的注解。我还要感谢樱井先生在其他方面的帮助。

想到我的小书已在各地的广泛范围获得了热情的读者，我是十分满足的。这表明本书所阐述的问题是世界普遍感兴趣的事。

---

① 伦贝格(Lemberg)，即今乌克兰的利沃夫。——译者

② 这里所说的介绍文章是指在《日本》报上连载的饱翁道人写的《武士道评论》。该评论加上详注，作为裳华房编《英文武士道评注》(明治三十五年)，以单行本形式出版。又樱井先生的详细注释，最初刊载于该先生的《英语学习新报》上。——日译者

15 使我感到无上荣幸的是，从可靠来源获悉，罗斯福总统①本人曾亲自阅读本书，还分发给了他的朋友们。

在对这一版作修订时，我主要只追加一些具体例子。我感到遗憾的是，未能加进去“孝”这一章。它同“忠”一并构成日本道德之车的两个轮子。我之所以难以写出“孝”这一章的原因，并不是由于不知道我国国民本身对它的态度，而是由于我不知道西方人对这个美德的感情，从而我无法进行使自己感到满意的比较。我想将来能对这个问题及有关的其他问题加以补充。当然，本书所涉及的所有问题，都大有进一步加以应用和讨论的余地。不过，要使本书比目前的篇幅更大一些是有困难的。

我对我的妻子辛劳地阅读原稿，提出有益的建议，特别是她的不断的鼓励，要致以极大的感谢。如果忽略了这一点的话，这个序言就会是不完全的，而且是不公平的了。

新渡户稻造

1905 年 1 月 10 日于东京小石川

① 此处的总统指的是 Theodore Roosevelt（1859—1919）。——译者

站在那条 16
翻越这山峰小路上的人，
会怀疑这是不是一条路？
然而如果从荒野处来眺望，
从山麓到山顶它的路线分明，
毫无疑义！从绵延不断的荒野
为什么会看到一两处缺口？
如果要传入新的哲理，
难道不正是这些缺口锻炼了人们的眼睛，
教导他什么是信仰，终于知道
这是最完美的企图吗？

罗伯特·布朗宁：《布劳格拉姆主教的辩护词》

应当说有三个强有力的精灵，活动在从一个时代到另一个时代的水面上，对于人类的道德感情和精神给予强有力的刺激。这就是自由、宗教和荣誉的精灵。

哈勒姆：《中世纪的欧洲》

骑士道本身就是人生的诗。 17

施勒格尔：《历史哲学》

18 # 绪　言

我对于为世界各地的英语读者写一些关于新渡户博士所著《武士道》新版的介绍文章，感到很高兴。由于博士允许出版社对与本文无关的事项有某种程度的行动自由，所以出版社就把序文托付给我了。我与作者相识已达15年以上，而对于本书论述的主题，在某种程度上至少已有45年的关系。

这是1860年的事情。在费城（我于1847年在该处看到佩里舰队司令的旗舰萨斯克汉那号的下水典礼），我首次见到了日本人，遇见了从江户来的使节们。我从这些异国人那里获得了强烈的印象，他们所遵循的理想和行为准则就是武士道。后来，在新泽西州新布伦威克市的拉贾斯学院，我同从日本来的青年共同生活了3年。我教他们课，又像同年龄的学生似地彼此相处。我们常常谈到武士道，我发现这是极其饶有兴趣的事物。处于这些未来的县知事、外交官、舰队司令、教育家以及银行家们的生活里，他们
19 之中有一些长眠在威洛格罗夫墓地者的临终时的表现，都同那远在日本的最馨香的花儿的芬芳一样，非常甘美。当少年武士日下部临死的时候，劝他皈依献身中最高贵的和希望中最伟大的神灵时，他回答说："纵使我理解了你们的主耶稣，我也不能只把生命的渣滓献给他。"这个回答我是绝对忘记不了的。我们在"旧拉雷坦

河堤上”，在运动比赛上，在晚餐的饭桌上，一面比较日美间的事物，一面互作有趣的戏言时，或就道德和理想彼此争论时，我感到自己完全同意我的友人查尔斯·达德利·沃纳所说的“传教士的秘密答辩”。在某一点上，我们之间的道德和礼貌的规矩是不同的。不过，这些不同只不过是点或切线之类的差别，并不是像日食、月食那样程度的差别。一千年前，他们本国的诗人在越过水池，衣裳碰到带有露水的花朵，竟把露珠留在他的衣袖上时，写道：“由于它的芬芳，且不拂去衣袖上的露珠。”事实上，我欣幸自己免于成为井底之蛙。它与墓穴的不同，只不过是更深一些罢了。唯有比较，才是学术和教育的生命，不是吗？在语言、道德、宗教、礼貌举止的研究方面，说“仅知其一者，一无所知也”，难道不是真理吗？

1870年，我作为介绍美国公立学校制度的体系及其精神的教育开拓者，受到日本的招聘。离开首都，来到越前国的福井，看到了眼前正在实行的纯粹的封建制度，的确是一件值得高兴的事。在这个地方，我看到的武士道，并非作为异国的事物，而是在其原 20
产地看到的。茶道、柔道、切腹、在草席上俯伏和在街道上鞠躬行礼、佩刀和交往的礼法、一切恬静的致意和极其郑重的谈话方式、技艺动作的规矩以及为了保护妻子、仆婢、小儿的侠义行为等等，使我了解了武士道在这个城市和藩国中，形成了所有上流阶层日常生活中普遍的信条和实践。它作为一所思想和生活的活生生的学校，使少年男女受到了训练。我亲眼看到新渡户博士作为世袭事物接受下来，深深印入其脑海，并以其所把握、洞察以及广阔的视野，优雅而强劲的文笔表达出来的东西。日本的封建制度已在其最有力的解说者和最坚信的辩护者的“视野之外消逝了”。对他

说来，这是飘逝的芬香，而对于我则是“闪闪发光的树和花”。

唯其如此，我可以作证，作为一个曾在武士道的母体——封建制度下生活过来，而且在它死亡的时候曾在现场的新渡户博士的记述，本质上是真实的，并且博士的分析和概括是忠实的。博士挥动他那流畅的笔，把长达千年的日本文学中辉煌灿烂地反映出来的画一般的色彩再现了出来。武士道是经过一千年的演变而成长起来的。而本书的作者则巧妙地记述了点缀在其同胞中几百万高尚人们所经历的道路上的精华。

有关批判的研究只是加强了我自己对日本国民身上武士道的
21 力量和价值的感受。要想了解 20 世纪的日本人，必须知道它在过去的土壤中扎下的根。现在，不但外国人，就连现代日本人也看不见它了，但是，善于思索的研究者会在过去的时代所蓄积的精神之中看到今日的结果。日本从远古的阳光创造的地层中，发掘出它今日致力于战争与和平的动力。一切精神上的感受，都还在武士道所涵养的人们中坚强地活着。它的结晶体在杯子中溶化了，但其甘美的香气依然悦人心曲。用一句话来概括，武士道正是它的解释者本身遵从信仰上帝者所宣称的最高法则所说的：“一粒麦子，不落在地里死了，仍旧是一粒。若是落在地里死了，就结出许多子粒来。”①

新渡户博士是否把武士道理想化了呢？其实我们倒要问，他怎能不把它理想化呢？博士自称是“被告”。在所有的教义、信条、体系上，随着理想的发展，例证会改变。经过逐渐的积累，慢慢达

① 《圣经·新约》约翰福音 12 章 24 句。——译者

到和谐。这就是规律。武士道决没有到达它最后的顶点。它仍然是生机勃勃的。而当它最终死亡时，是死在美与力之中。当日本正处于“走向世界”（这是我们对佩里和哈里斯以来各种急剧的影响和事件所加上的称呼）与封建制度发生冲突的时候，武士道决不是一具涂上了防腐剂的木乃伊，它还有着活生生的魂灵。那是实实在在的人类活力的精神。此时，小国从大国那里受到祝福。日本遵循日本自己的高贵的先例，在不放弃本国的历史和文明中最美好的东西的同时，采纳了世界所提供的最美好的东西，并将它同 22
化了。这样，日本赐福于亚洲和人类的机会是无与伦比的，而日本出色地抓住了这个机会——“随着范围的扩大，而日益增强了”。今天，不仅我们的庭园、艺术、家庭等，“即便是一时性的娱乐也好，抑或永久性的胜利也好”，都凭来自日本的花卉、绘画以及其他美丽的事物而丰富起来，并且在自然科学、公共卫生、和平与战争的教训方面，日本双手满捧着赠品来访问我们。

本书著者的论述，不光是作为被告的辩护人，而且作为预言者，以及作为掌握了大量的新、旧事物的贤明的家长，拥有教育我们的力量。在日本，再没有任何人比作者更善于把固有的武士道的教训及其实践同生活与活动、劳动与工作、手艺与脑力劳动、土壤的耕作与灵魂的教养相调和而结合起来的人了。作为大日本的过去的显现者的新渡户博士，就是新日本的真正的建设者。在日本占领下的台湾，以及在京都，博士既是学者同时又是实践者，既精通最新的科学又精通最古的学术。

记述武士道的这本小书，不仅是对盎格鲁—撒克逊国民的重要的信息，而且它对本世纪的最大问题，即解决东方与西方的和谐与一致的问题，做出了显著的贡献。古代曾有过许多文明，但在未来的更加美好的世界里，文明可能是一个。所谓东方（Orient）和西方（Occident）这个词，正在和相互之间的非理智和侮辱的所有积淀一起成为过去。作为亚洲的智慧和集体主义同欧美的精力和
23 个人主义之间的强有力的中间人，日本正以不屈不挠的毅力在工作着。

博古通今、具有世界文学素养的新渡户博士，在这一点上充分显示出他是人得其位，位得其人。博士是真正的执行人和调和人。长期以来忠实于主的博士，无需为自己的态度作辩解，也并没有作辩解。懂得人类的历史是由圣灵指引的途径以及作为人类之友的至高无上者指引的学者，他不得不对一切宗教的创始者及其基本经典的教义同民族的、合理的、教会的添加物之间加以区别，难道不是吗？著者在其序言中所暗示的、各国国民拥有各自的《旧约》教义，基督的教义并不是为了将它们破坏掉，而是为了把它完善起来。在日本，基督教将解脱它的外国的形式和装潢，不再是一种舶来品，而在武士道发展起来的那块土壤中，深深扎下根子。解开捆绑的绳索，脱去外国的制服，基督教会将同大气一样化为这个国家的国风。

威廉·伊利奥特·格里菲斯

1905 年 5 月于伊萨卡

第一章　作为道德体系的武士道

武士道，如同它的象征樱花一样，是日本土地上固有的花朵。25
它并不是保存在我国历史的植物标本集里面的已干枯了古代美德的标本。它现在仍然是我们中间的力量与美的活生生的对象。它虽然没有采取任何能够用手触摸着的形态，但它却使道德的氛围发出芬芳，使我们自觉到今天仍然处于它的强有力的支配之下。诞生并抚育它的社会形态业已消失很久，但正如那些往昔存在而现在已经消失的遥远的星辰仍然在我们头上放射其光芒一样，作为封建制度之子的武士道的光辉，在其生母的制度业已死亡之后却还活着，现在还在照耀着我们的道德之路。在欧洲，当与它相伯仲的骑士道死亡而无人顾及之时，有一位伯克[1]在它的棺木旁发表了众所周知的感人的颂辞，我现在能以这位伯克的国语〔英语〕来阐述对这个问题的考察，衷心感到愉快。

由于可悲地缺乏有关远东的知识，以至博学如乔治·米勒博士这样的学者，竟毫不踌躇地断言，骑士道或类似它的制度，无论
在古代的各国国民或现代的东方人中，都未曾存在过。[2] 不过，这 26

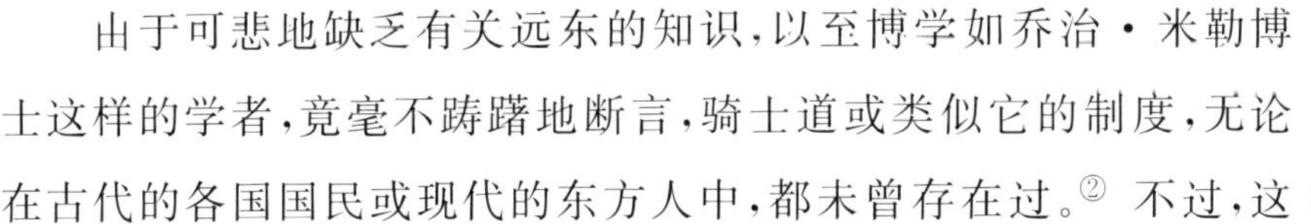

① 伯克(1729—1797)，英国政治家。——译者

② 米勒:《历史哲学》(1853 年第三版)，第 2 卷，第 2 页。——作者

种无知是完全可以原谅的。因为这位善良博士的著作的第三版，正是在佩里舰队司令叩打日本锁国主义大门的同一年发行的。其后经过十余年，正当我国的封建制度处于奄奄一息的弥留之际，卡尔·马克思在其所著《资本论》中所说，关于研究封建制的社会的、政治的各种制度方面的特殊的方便，便是当时唯独在日本还可以看到的封建制的活的形态，唤起了读者注意。我也同样地愿对西方的历史和伦理研究者指出，可以从现代的日本来研究武士道。

对欧洲和日本的封建制及骑士道的历史进行比较探讨，是件饶有兴味的事，但详细地深入研究这方面并非本书的目的。我的尝试毋宁是要阐明：第一、我国武士道的起源及渊源；第二、它的特性及训条；第三、它对民众的影响；第四、它的影响的持续性和永久性。在这几点中，对第一点仅限于作一些简单而粗略的阐述，否则我就将把读者引入我国历史的迂回曲折的小巷里去了。对第二点将作略为详细的探讨。因为它会使国际伦理学和比较性格学的研究者们对于我国国民的思想及其行动的方法感兴趣。其余各点将作为余论来处理。

我粗略地译作 chivalry① 的这个日本词，在原义上要比骑士
27 道含蓄得多。武士道在字义上意味着武士在其职业上和日常生活中所必须遵守之道。用一句话来说，即“武士的训条”，也就是随着武士阶层的身份而来的义务。既然明了它的词义，以后便请允许我使用这个词的原词。使用原词，从其他的理由来说也很方便。这样截然不同的、产生出特殊的思考方法和性格型式，而且是地域

① 即骑士道。——译者

性的训条，应当在其外表上带有其特异的徽记。因此，若干个极为明显地表现了民族特性的词，具有其国民的语言特征，即使是最干练的翻译家也很难以把它的真意表达出来，有时甚至很难保证不会积极地加上不妥当、不正确的含义。有谁能够通过翻译完美地表达出德语的“Gemüt”的意思？英语的“gentleman”和法语的“gentilhomme”，在语言上是极其接近的。但是有谁能不感到这两个词所具有的差异呢？

武士道，如上所说，乃是要求武士遵守的，或指示其遵守的道德原则的规章。它并不是成文法典。充其量它只是一些口传的、或通过若干著名的武士或学者之笔留传下来的格言，毋宁说它大多是一部不说、不写的法典，是一部铭刻在内心深处的律法。唯其不言不文，通过实际行动，才能看到更加强有力的功效。它既不是某一个人的头脑（不论其如何多才多艺）创造出来的，更不是基于某一个人物的生平（不论其如何显赫有名）的产物，而是经过数十年、数百年的武士生活的有机发展。武士道在道德史上所占有的 28
地位，恐怕和英国宪法在政治史上所占有的地位一样。然而，武士道没有能同大宪章（Magna Carta）或者人身保障法（Habeas Corpus Act）相比较的东西。17 世纪初，的确制定过武家诸法度，但是武家〔诸〕法令十三条，大都是关于婚姻、城堡、党徒等的规定，只不过稍稍涉及训导的规则而已。因此，我们不能指出一个明确的时间和地点来说“这里是其源泉”。不过，由于它是在封建时代而臻于自觉的，所以在时间方面，可以认为它的起源是与封建制一样的。不过，封建制本身是由许多线条交织而成的，所以武士道也承袭了错综复杂的性质。据说英国的封建制的政治诸制度发源于诺曼人

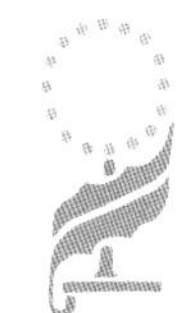

征服时代，在日本也可以说，它兴起于12世纪末，和源赖朝[①]称霸是同一个时代。然而，正如在英国，封建制的社会诸要素可上溯到远在征服者威廉[②]以前的时代一样，在日本，封建制的萌芽也远在上述时代以前就存在了。

也正如在欧洲一样，在日本，当封建制正式开始时，专职的武士阶层便自然而然地得势了。他们被称为“侍”（samurai）。其词义有如古英语的cniht（knecht，knight，骑士），意味着卫士或随从，其性质类似凯撒记述“阿奎塔尼亚”[③]中的勇士soldurii，或者是塔西佗说的跟随着日耳曼首领的卫士comitati，或者与更后世
29 相比的话，类似在欧洲中古史上见到的斗士milites medii。一般还使用汉字的“武家”或“武士”这个词。他们是特权阶级，本来肯定是那些以战争为职业的禀性粗野的人。这个阶级在长期不断的反复战斗中，自然而然是从最勇敢、最富于冒险精神者中征募来的，随着淘汰过程的进展，那些怯懦柔弱之辈被抛弃了，借用爱默生[④]的话来说，就是只有“全然男性的、像野兽一样有力的、粗野的种族”才得以生存下来，他们便形成了“侍”的家族和阶级。等到具有崇高的荣誉和巨大的特权，以及伴之而来的重大的责任的时候，他们很快就感觉到需要有一个共同的行为准则。尤其因为他们经常处于交战者的地位，而且隶属于不同的氏族，这就更加有其必要

---

① 公元12世纪时，在日本，源赖朝打败木曾义仲和平氏，掌握中央政权，建立了镰仓幕府。——译者

② William I the Conqueror of England（约1028—1087）。——译者

③ Aquitania，凯撒所记述的阿奎塔尼亚，其地域超过法国西南部历史上的阿奎坦地区，包括从比利牛斯山脉延伸至加龙河的大片区域。——译者

④ Ralph Waldo Emerson（1803—1882），美国思想家。——译者

了。正如医生靠职业上的礼法抑制彼此之间的竞争，又如律师在破坏了礼节时必须要出席质询会一样，武士也必须有某些准则来使他们的不端行为受到最终的审判。

在战斗中要堂堂正正！在野蛮人和类似儿童的这种原始意识中，存在着极其丰富的道德萌芽。这难道不是一切文武之德的根本吗？我们讥笑（好像我们已经超过了抱有这种愿望的年龄似的！）那个英国孩子汤姆·布朗[①]的孩子气的愿望：“但愿成为一个名留后世的既不威吓小孩子，也不拒绝大孩子的人。”但是，谁不知道这种愿望正是那规模宏伟的道德大厦所赖以建立的奠基石呢？
如果我说就连最温和的、而且最热爱和平的宗教也保证这种愿望，30
难道是过甚其词吗？英国的伟大，多半是建筑在汤姆的愿望的基础之上的。而且我们马上便会发现，武士道屹立的基础并不小于它。纵使像教友派教徒所正确证明的那样，战争本身不管是进攻性的或防御性的，都是野蛮的和不正当的，我们还可以和莱辛一样地说：“我们知道，缺点不论如何巨大，美德是从它产生出来的。”[②]所谓“卑劣”、“怯懦”乃是对那些具有健全的、纯真的性格者的最恶劣的侮辱言词。少年就是以这种观念开始其生命历程的。武士也是如此。不过，随着生活变得更广大，其关系变得多面化，早期的

① 托马斯·休斯的小说《汤姆·布朗的学生时代》中的主人公。

② 补注　拉斯金是一个心地最温和而且爱好和平的人。但是作为一个对奋斗生 31
活的热情崇拜者，他却相信战争的价值。他在所著《野生橄榄的皇冠》中说：“当我说战争是一切技术的基础时，也意味着它同时是人类一切崇高的道德和能力的基础。发现这一点，对我来说，是很奇异的也是很可怕的，但我知道这是无可否认的事实。简言之，我发现所有伟大的民族，都是从战争中学到了他们语言的真理和思想的威力；他们在战争中获得涵养，却因和平而被糟踏；通过战争受到教育，却被和平所欺骗；通过战争受到训练，却被和平所背弃；一句话，他们生于战争，死于和平。”

信念为了使它自己得到确认、满足和发展，便要寻求更高的权威以及更合理的渊源来加以证实。如果只是实践了战斗的规律，而没有受到更高的道德的支持的话，那么，武士的理想便会坠于远不如武士道的东西。在欧洲，基督教不仅在解释上认可了适合于骑士道的妥协，还向它注入了灵魂的素材。拉马丁[①]说："宗教、战争和光荣，是一个完美的基督教武士的三个灵魂。"在日本，武士道也有几个渊源。

① 拉马丁(Alphonse de Lamartine，1790—1869)，法国诗人。——译者

第二章　武士道的渊源

先从佛教讲起吧。佛教给予武士道以平静地听凭命运的意 32
识，对不可避免的事情恬静地服从，面临危险和灾祸像禁欲主义者
那样沉着，卑生而亲死的心境。一个一流的剑术教师〔柳生但马
守〕在他把绝技全都教给了他的弟子时，告诫他们说："超出这以上
的事，非我指导所能及，必须让位于禅的教导。""禅"是日语对禅那
Dhyâna 的译词，它"意味着在超出靠语言来表达的范围之外的思
想领域里，凭冥思默想来达到的人的努力"。[①] 它的方法就是冥
想。而它的目的，据我所理解，在于确认一切现象深处的原理，可
能的话确认绝对本身，从而使自己同这个绝对和谐一致。如果这
样下定义的话，这个教导已超越一个宗派的教义，无论任何人作为
达到洞察绝对者，便会超脱现世的事象，彻悟到一个"新的天地"。

佛教所未能给予武士道的东西，却由神道充分提供了。由神
道的教义所刻骨铭心的对主君的忠诚、对祖先的尊敬以及对父母
的孝行，是其他任何宗教所没有教导过的东西，靠这些对武士的傲 33
慢性格赋与了服从性。神道的神学中没有"原罪"那样的教义。相
反地，神道相信人心本来是善的，如同神一样是纯洁的，把它崇敬

---

① 小泉八云：《异国的与怀旧的》，第 84 页。——作者

为宣示神谕的最神圣的密室。参拜神社的人谁都可以看到，那里供礼拜的对象和道具很少，一面挂在内堂的素镜构成其设备的主要部分。这面镜子的存在，是很容易解释的。它表示人的心，当心完全平静而且澄澈的时候，就反映出神的崇高形象。因此，如果人站在神前礼拜的时候，就可以在发光的镜面上看到自己的映象。而其礼拜的行为，就和古老的德尔斐神谕所说的“知汝本身”同一归宿。不过所谓知你自己，无论是希腊的教谕也好，日本的教谕也好，并非意味着有关人的肉体部分的知识，即解剖学或精神物理学的知识。这个知识的性质应是道德的，指人的道德品质的内省。根据蒙森比较希腊人和罗马人所作的评论，希腊人在礼拜时抬眼望天，而罗马人则是以物蒙头，前者的祈祷是凝视，后者的祈祷则是反省。我国国民的内省，本质上和罗马人的宗教观念相同，比起个人的道德意识，毋宁说民族的意识更为显著。神道的自然崇拜，使国土接近我们内心深处的灵魂，而它的祖先崇拜，则从一个系谱追溯到另一个系谱，使皇室成为全体国民的共同远祖。对我们来说，国土并不仅仅意味着可以开采金矿或收获谷物的土地——它是诸神，即我们的祖先之灵的神圣住所。再者，对我们来说，天皇不是法律国家的警察的首长，或者文化国家的保护人，他是昊天在
34 地上的肉身代表，在他那尊贵的身上同时具备昊天的权力和仁爱。如果说鲍特密先生就英国皇室所说，“他不仅是权威的形象，而且是民族统一的创造者和象征”[1]是正确的话（而我相信这是正确的），那么这种说法，就日本皇室而言，更应该两倍、三倍地加以强调。

① 鲍特密：《英国人》，第188页。——作者

神道的教义包含了可以称为我们民族的感情生活中两个压倒一切的特点——爱国心和忠义。阿瑟·梅·克纳普说:"在希伯来文学中,往往很难区分说的是神的事情呢,还是国家的事情;是说天上的事情呢,还是说耶路撒冷的事情;是说救世主呢,还是说国民自己。"[①]的确是这样。同样的混淆,也可以在我们民族的信仰〔神道〕的语汇中看到。的确,由于用词暧昧,具有逻辑头脑的人们会认为是混淆,但它是一个包容了国民的本能、民族的感情的框架,因而从不装成合理的神学或有体系的哲学。这个宗教——或者说由这个宗教所表现的民族感情,是否会更确切一些?——彻头彻尾地给武士道灌输了忠君爱国精神。这些与其说是教义,莫如说作为刺激发挥了作用。因为神道与中世纪的基督教会不同,它对教徒们几乎不规定任何信仰条款,而是提供了直截了当形式的行为准则。

至于说到严格意义上的道德教义,孔子的教诲就是武士道的最丰富的渊源。君臣、父子、夫妇、长幼以及朋友之间的五伦之道,
早在经书从中国输入以前,就是我们民族本能地认识到了的,孔子 35
的教诲只不过是把它们确认下来罢了。有关政治道德方面的他的教诲的特点是冷静、仁慈,并富于处世的智慧,这些特别适合作为统治阶级的武士。孔子的贵族的、保守的言论极其适应了武士政治家的要求。继孔子之后的孟子,对武士道也发挥了巨大的权威。他的强有力的而且常常是颇为平民的说法,对于具有同情心品质的人很有魅力。它甚至被认为是对现存社会秩序的危险思想,是

① 阿瑟·梅·克纳普:《封建的和现代的日本》,第1卷,第183页。——作者

反叛性的，因而他的著作曾经长时期成为禁书，尽管如此，这位贤人的言论却永远寓于武士的心中。

孔孟的书是青少年的主要教科书，是成年人之间讨论问题的最高权威。不过，只是了解这些圣贤的古籍，还不会受到崇高的尊敬。有一个俚谚讥笑那些仅仅在理智上懂得孔子的人是“读了论语而不知论语”。一位典型的武士〔西乡南洲〕称文学知识渊博者为书蠹。另一个人〔三浦梅园〕把学问比喻为臭菜，他说：“学问有如臭菜，如果不认真去掉臭味，就难以致用。少读一点书，就少一点学者的臭味，而多读些书，学者的臭味就更多，真不好办。”这样说的意思是，知识只有在学习它的人的心里同化了，并在他的品质上表现出来的时候，才能成为真正的知识。一个有知识的专家被认为是一部机器。知识这种东西被认为是从属于道德情操的。人和宇宙同样被认为是有灵性的，而且是有道德的。赫胥黎关于宇宙的运行是没有道德性的论断，不能为武士道所承认。

36 武士道轻视上述那样的知识，认为知识本身不应该作为目的去探求，它应该作为获得睿智的一种手段去探求。因此，那些没有达到这个目的人，便被看作只是一架能够遵照要求吟出诗歌、名句的方便机器。所以，知识被看成要与生活中的实践躬行相一致，而这个苏格拉底的教诲，在中国哲学家王阳明那里找到其最伟大的解说者。他孜孜不倦地一再重复：知行合一。

在谈到这个问题时，请允许我暂且离开主题。这是因为在一些最高尚的武士中，有不少人深受了这位哲人的教导的影响。西方的读者会很容易发现王阳明的著作与《新约圣经》有许多类似之处。只要允许特殊用词上的差别的话，那么像“你们先要去寻求上帝的王国和上帝的正义，如果那样的话，所有这一切东西都会归于你们”的说法，就是可以在王阳明的几乎每一页书上都可以看到的思想。一位他的日本弟子（三轮执斋）说道：“天地万物之主宰，寓于人则为心。故心为活物，永放光辉。”又说：“其本体之灵明，永放光辉，其灵明不涉及人意，自然发现，照明善恶，谓之良知，乃天神之光明也。”这些话听起来难道不是同艾萨克·彭宁顿或其他神秘主义哲学家的一些文章实在很相像吗？看来像在神道的简单教义中表达出来的日本人的心态，似乎特别适合于接受阳明学说。他把他那良知无谬说推进到极端的超自然主义，赋予良知以不仅能辨别正邪善恶，而且能认识各种心理事实和各种物理现象的性质的能力。他在贯彻理想主义方面，并不逊于贝克莱和费希特，甚至 37
达到否认人智以外的物象存在。他的学说虽然包含了唯我论受到批判的一切逻辑上的谬误，但它具有强烈的确信力，因而它在发展个性的坚强性格和宁静气质的道德意义，却是不容否定的。

这样，不论其渊源如何，武士道吸收并同化于自身的基本原理是少量的而且是单纯的。虽然是少量的而且是单纯的，但是，即便在我国历史上最不稳定时代中的最不安全的日子里，它却足以提供了安全的处世良方。我们的武人祖先，以其健全的和纯朴的性格，从古代思想的大路、小路上所搜集的平凡而片断的穗束中，引出他们精神上的丰富食粮，并且在时代要求的刺激下，从这些穗束中创造了新的无与伦比的男子汉之道。一位敏锐的法国学者德·拉·马泽里埃尔先生概括他对16世纪的日本印象说：“到了16世纪中叶，在日本，政治、社会、宗教，全都处在混乱之中。但是，内乱、返回到野蛮时代那样的生活方式、各人有必要来维护各自的权

利——这些在日本便造出了可以同丹纳所称赞的具有'勇敢的独创力、迅速作出决定和拼死地去着手的习惯、实践和耐苦的伟大能力'的16世纪的意大利人相比拟的人来。在日本如同在意大利一样,中世纪的粗野的生活风俗习惯,使人变成'彻头彻尾的斗争的、抵抗的'伟大动物。这就是为什么日本民族的主要特征,即他们在
38 精神上和气质上显著的复杂性,在16世纪最大限度地发挥出来的原因。在印度,以及在中国,人们之间的差别主要在于能力上和知识程度上,反之,在日本,除了这些之外,还有性格独创性上的差别。今天,个性是优秀的民族和发达的文明的象征。如果我们借用一下尼采所喜爱的表达方式的话,那就可以说,在亚洲大陆,说到那里的人就会谈到那里的平原,而在日本和欧洲,却特别是以山岳来作为人的代表。"

对于德·拉·马泽里埃尔先生作为评论对象的人们〔日本民族〕的一般特点,我们就由这里来着笔吧。我们将先从"义"开始。

第三章　义

义，是武士准则中最严格的教诲。再也没有比卑劣的举动和 39
狡诈的行为更为武士所厌忌的了。义的观念，也许是错误的——
也许是太狭隘了。一位著名的武士〔林子平〕[①]为它下的定义是决
断力，他说：“义是勇的对手，是决断的心。就是说凭道理下决心而
毫不犹豫的意志。应该死的场合就死，应该攻讨的场合就攻讨。”
另一位〔真木和泉〕[②]则论述如下：“节义犹如人体之有骨骼，没有
骨骼，头就不能端正地处于上面。手也不能动，足也不能立。因
此，一个人即使有才能、有学问，没有节义就不能立身于世。有了
节义，即使粗鲁、不周到，作为武士也就足够了。”孟子说：“仁，人心
也；义，人路也。”并慨叹道：“舍其路而弗由，放其心而不知求，哀
哉！人有鸡犬放，则知求之；有放心而不知求。”[③]我们在这里，不
是“如同在一面镜子中朦胧看到了”那位在他之后三百年，在另一
个国度里出现的一位伟大的导师〔基督〕所说的、我找到失去的正
义之路的比喻的影子吗？我说得走题了，总之，照孟子看来，义是
一条人们要重新获得丧失了的乐园所应走的笔直而又狭窄的路。 40

---

① 林子平(1738—1793)，日本的海防思想家。——译者

② 真木和泉(1813—1864)，即真木保臣。——译者

③ 《孟子·告子上》。——译者

在封建时代的末期，由于长期持续的升平使武士阶级的生活产生了余暇时间，随之而产生了对各式各样的娱乐和技艺的爱好。但是，就是在这样的时代，“义士”这个词被认为要比意味着学问或擅长艺术的任何名称都胜过许多。在我国国民的大众教育中经常引用的四十七名忠臣，在民间就以四十七义士而著称[①]。

在一个流行着动辄以阴谋诡计为战术，以弄虚作假为战略的时代，这种率真而正直的男子汉的美德，是闪耀着最大光辉的一块钻石，受到人们的最高赞誉。义和勇是一对孪生兄弟，同属武德。但在论述勇以前，我暂且就“义理”说一说吧。它可以看作是义的派生词，最初只不过稍微偏离它的原型，但逐渐产生距离，终于作为世俗用词背离了它原来的意义。所谓“义理”，从字面上说意味着“正义的道理”，但随着时间的推移，竟意味着一种社会舆论期待去履行的含混的义务感。在它原来的纯粹的意义上，“义理”意味着单纯而明了的义务——因此，指的是我们对双亲、对长上、对晚辈、对一般社会等所负有的义理。在这些场合，义理就是义务。因为所谓义务，是“正义的道理”要求和命令我们去做某事，除此以外，并非任何别东西，不是吗？难道“正义的道理”不应是对我们的绝对命令吗？

41 义理的原来意义不外乎义务。而且我想出现所谓义理这个词的原因是由于以下的事实。即我们的行为，例如对双亲的行为，唯

① 赤穗四十七义士：指1703年1月30日(元禄15年12月14日)，袭击江户本所松坂町吉良义央居宅，为主君浅野长矩报仇的四十七名武士。歌舞伎《忠臣藏》就是叙述这些义士的故事的。——译者

一的动机应该说是爱，但在缺少爱的情况下，就必须有某种其他权威来命令履行孝道。于是人们就用义理来构成这个权威。他们形成义理的权威是极其正当的。因为如果爱再也不能强烈地去刺激德行的时候，人们就不得不求助于理智。即必须教人凭理性正确地行动起来的必要。就其他的道德义务，也可以说是同样的道理。当一感到义务是沉重负担时，义理便马上介入进来，以防止我们逃避义务。这样来理解义理时，它就是个严厉的监督者，手里拿着鞭子去鞭策怠惰者以使其恪尽本分。义理在道德上是第二位的力量，作为动机来说，远远不及基督教的爱的教导。爱乃是“律法”。照我看来，义理是由于人为的社会的条件而产生的。这个人为的社会是偶然出现和不凭实力的偏袒而造成的阶级差别，这个社会的单元是家族，年长要比优异的才能更受到尊重，自然的爱情经常不得不屈服于恣意的人为的习惯。正是由于这种人为性，所以义理随着时间的推移而堕落下去，成为解释这件事，承认那件事——例如，为什么母亲为了救助她的长子，必要时必须牺牲她所有的其他儿子？为什么女儿为了获得供她父亲放荡的费用就必须出卖贞操？等等——时被提出来的含混的妥当感。照我看来，义理是从作为“正义的道理”出发的，但却每每屈服于决疑论。它甚至堕落到怯懦地害怕责难。司各脱就爱国心所写的话，“它是最美的事物，同时也每每是最可疑的事物，是其他感情的假面具”，我认为可以用来解释义理。把它用得超过或不及“正义的道理”时，义理就 42
成为可惊的言词的滥用。在它的卵翼下，潜藏着各种各样的诡辩和伪善。如果武士道没有敏锐而正确的勇气感、敢作敢当、坚忍不拔的精神，那么义理便很容易变成怯懦者的安乐窝。

第四章　勇——敢作敢当、坚忍不拔的精神

43　勇气，除非是见义而为，否则在道德上就几乎没有价值。孔子在《论语》中，按照其惯用的论证方法从消极方面给勇下定义说："见义不为，无勇也。"[①]把这句格言换成积极的说法则是："勇就是去做正义的事情"。甘冒各种各样的危险，豁出一条命，冲向鬼门关——这些经常被等同为勇气，而以手执武器为职业者的这种轻率举动（莎士比亚称之为"勇气的私生子"）却受到不恰当的喝彩。不过，在武士道看来却并非这样，为了不值得去死的事而死，被鄙视为"犬死"。柏拉图给勇气下定义说："能够辨别应当害怕的事物和不应害怕的事物"，水户的义公[②]根本没听说过柏拉图的名字，却说："跑上疆场阵亡，这非常容易，任何下贱的鄙夫也能做到。但是只有该活时活，该死时死，才能说是真勇。"西方在道德的勇气与肉体的勇气之间所作的区别，我国国民在很久以前便已承认了。哪里会有武士在少年时没有听说过"大勇"和"匹夫之勇"的呢？

44　诸如刚毅、不屈不挠、大胆、镇定自若、勇气等品质，最容易打

---

① 《论语·为政》。——译者

② 义公，即德川光国（1620—1700）。——译者

动少年的心，而且是通过实践和示范可以得到训练的东西，是少年时从小就受到鼓励的，可以说是最吃香的品德。幼儿在还没有离开母亲怀抱时，就已经反复听到战争故事。如果因某种疼痛而哭泣的话，母亲就会责骂孩子，激励他说，“为这么一点疼痛就哭该是多么懦怯！在战场上你的手腕被砍断了该怎么办呢？当受命切腹时该怎么办呢？”人们全都知道歌舞伎《仙台萩》中的千松的天真而忍耐的动人故事：“见到叼着食物飞来笼边的母鸟，小鸟伸开小嘴儿嗷嗷待哺的情景，他羡慕小鸟的幼稚的心灵，也知武士的儿子忍饥挨饿却是忠义。”关于坚忍和勇敢的故事，在童话中有的是。但是，向少年鼓吹英勇无畏精神的方法，决不是这些故事所能囊括尽的。父母有时还用看来似乎残酷的严厉办法去磨炼孩子的胆量。他们说：“狮子就是把它的崽子抛下千仞的深谷。”武士就是把儿子投入艰苦险峻的深谷里，驱使他们去做西西弗斯[①]的苦役。有时还不给食物或暴露于寒冷中，认为这是使他们习于忍耐的极为有效的考验。命令幼小的儿童到完全陌生的人那里，或者在严寒的冬季在日出前起床，早饭前赤足走到教师家中去参加朗诵练习。再者，每月一两次在天满宫[②]等节日时，几个少年聚集起来通宵轮流高声朗诵。到各种令人毛骨悚然的地方——刑场、墓地、凶宅等处去，乃是少年们喜欢干的游戏。在执行斩刑时，少年们不仅被派去看那可怕的光景，而且命令他们在黑夜里单身去探访那个地方，在砍下的头上留下印记以后回来。

① 希腊神话中的人物。

② 天满宫，供奉菅原道真（845—903）的庙。——译者

这种超斯巴达式的“锻炼胆量”方法①，会使现代教育家吃惊而产生战栗和疑问——会使人抱这种疑问，即这样的方法，是否是把人的内心的柔情扼杀在蓓蕾之中的野蛮方法呢？我们将在下一章考察武士道关于勇气所持有的其他一些观念。

---

① 补注 勇气寓于人的灵魂的姿态，表现为平静，即内心的沉着。平静是处于静止状态的勇气。敢作敢为的行为是勇气的动态表现，而平静则是它的静态表现。真正勇
46 敢的人经常是沉着的。他决不会被惊愕所袭击，没有任何事物能扰乱他的精神的平静。在激烈的战斗中，他依然冷静自若，在大变革中他也保持着内心的平静。地震也不能撼动他，他对暴风雨报之一笑。面对危险或死亡的威胁也不失去沉着的人，比如，在大难临头时吟诵诗句，在面临死亡时吟唱和歌的人，像这样的人我们赞叹他是真正伟大的人物，他们的笔迹或声音从容不迫，与平时毫无两样，就是其心胸宽广的毋庸置疑的证据——我们称之为“绰绰有余”。它是毫无顾虑、杂念，还有可容纳更多东西的余地的心胸。

据可靠史实所传，当江户城的创建者太田道灌被长矛刺中时。那个知道他爱好诗歌的刺客在刺他的同时吟唱了如下的上句：

　　唯有这时应珍惜生命

听到这句诗的将要咽气的英雄，对他胁侧所受的致命伤毫不畏惧，他接上了下句：

　　除非早就把生命置于度外

勇气中甚至还有体育的因素。对一般人说来是严重的事件，而对勇士说来不过是游戏。因此，在古时的战争中，交战双方互相交换戏言，先进行和歌比赛，决不是稀奇的事。交战不仅是蛮力的斗争，同时也是智慧的竞赛。

11世纪末的衣川的战斗就是这种性质的。东国的军队战败了，它的指挥官安倍贞任落荒而逃。追赶他的大将源义家在逼近他时高声喊道：“你竟是个背向敌人逃跑的丑恶东西，转过身子来！”看到贞任勒住了马，义家便大声吟道：

　　战袍经线已绽开

他的话音刚落，败军之将便从容地补上了下句：

　　经年线乱奈我何

义家顿时把引满的弓放松，转身走开，任凭掌中之敌逃之夭夭。有人引为奇怪，问到他所以放走敌人的原因，他答道，我不忍心去侮辱一位在受到敌人猛追时仍不失其内心平静的刚强的人。

47 当布鲁图临死时，安东尼和屋大维所感到的悲哀，是勇士共同的体验。上杉谦信同武田信玄打了14年仗，当他听到信玄死讯时，便为失去了“最好的敌人”而放声痛哭。谦信对信玄的态度，始终显示出一个高尚的范例。信玄的领地是距离海很远的山国，要仰赖东海道的北条氏来供给食盐。北条氏虽然没有同信玄公开交战，却用禁止这种必需品的贸易来达到削弱他的目的。谦信听到信玄的狼狈处境，便寄信说，闻北
48 条氏以盐困公，此实极卑劣之行为，我与公争，盖以弓箭，非以米盐。今后请自我国取盐，多寡唯命是从。这比起卡米勒斯所说：“罗马人不以黄金作战，而以铁作战”，就有过之而无不及了。尼采说：“以你的敌人而自豪，果尔，敌人的成功，也就是你的成功”，很好地说出了武士的心情。的确，勇与荣誉相等，它要求只以平时值得与之交友的人，作为战时的敌人。当勇达到这样高度时，它就近乎“仁”了。——作者

第五章　仁——恻隐之心

爱、宽容、爱情、同情、怜悯，古来就被当作最高的美德，即被认 49
为是人的精神属性中最高尚的东西。它在两重意义上被认为是德中之王。即作为占据伴随高尚精神的多种属性的王位，是王者；再者，作为特别适合于王者之道的美德而是王者。说什么慈悲比起王冠来更适合于王者；慈悲超过用王笏进行的统治，这用言词来表达，需要莎士比亚，但内心感受并不需要他，因为这是世界各国国民都知道的。孔子也好，孟子也好，都反复说过，为人君的最高必要条件就在于仁。孔子说："君子慎德为先，有德此有人，有人此有土，有土此有财，有财此有用。德者本也，利者末也。"〔《大学》〕又说："上好仁而下不好义者，未之有也。"孟子祖述此话说："不仁而得国者，有之矣；不仁而得天下者，未之有也。"① 又说："天下不心服而王者，未之有也。"②孔、孟同样地把这个为王者的不可或缺的条件，下定义为："仁者人也。"〔《中庸》〕

封建制的政治是很容易堕落为黩武主义的，能在其统治下从 50
最坏类型的专制中挽救我们的东西，便是仁。在被统治者把"生命

① 《孟子·尽心下》。——译者
② 《孟子·离娄下》。——译者

和肢体”全都奉献出来的时候，剩下的只有统治者自己的意志了，其自然的结果就是极权主义的发展。它经常被称为“东方的专制”，就好像西方的历史上未曾有过一个专制者似的！

我决不支持任何一类的专制政治。但是，把专制政治和封建制等同看待是谬误的。法律学家们以腓特烈大帝所说：“国王是国家的第一公仆”，评之为迎来了自由发展的一个新时代是正确的。不可思议的是，正在同一时期，位于日本东北偏僻地方米泽的上杉鹰山也作了恰恰一样的声明——〔“君乃国家人民所立，而非为君而立国家人民”〕——表明封建制并非暴虐压迫。封建君主并不认为他对臣下负有相互的义务，但对自己的祖先和上苍却有高度的责任感。他是民之父，民是上天委托他保护的子民。中国的古典《诗经》中说：“殷之未丧师，克配上帝”。[①] 还有，孔子在《大学》中教导说：“民之所好好之，民之所恶恶之，此之谓民之父母。”这样，民众舆论同君主意志，或者民主主义同极权主义就融合起来了。正是这样，武士道也接受并坚信与通常所赋予这个词的意义不同的父权政治。它也就是同关心稍微疏远的叔父政治（即山姆大叔政治！[②]）相对而言的生父政治。专制政治和父权政治的区别在
51 于：在前者的情况下，人民只是勉勉强强服从，反之，在后者的情况下，则是“带着自豪的归顺，保持着尊严的顺从，在隶服中也是满心怀着高度自由的精神的服从”。[③] 古代的谚语说，英国国王“是恶

① 《诗经·大雅·文王之什》。——译者

② Uncle Sam's Government，指美国政治。——译者

③ 伯克（1729—1797）：《法国革命史》。

鬼之王，为什么呢，因为其臣下一再对君主进行叛逆和篡位”，法国国王“是驴子之王[1]，为什么呢，因为他课征没完没了的租赋捐税”，“而给予西班牙王为人王的称号，为什么呢，因为人民乐于服从他。”这些说法并不能说完全是错误的。好了，就说这些！

在盎格鲁—撒克逊人的心目中，德行和绝对权力听起来或许是不可调和的词语。波别多诺斯采夫[2]曾对英国的社会基础和其他欧洲国家的社会基础作了明确的对比，认为大陆各国的社会是在共同利害基础上组织起来的，反之，英国社会的特点在于高度发展的独立人格。这位俄国政治家说，欧洲大陆各国，特别是斯拉夫族的各国国民之中，个人的人格依存于某种社会的联盟，归根结底依存于国家，这一点就日本人说来尤为正确。因此，我国国民对于君主权力的自由行使，不但不像欧洲那样感到重压，而且人民以对待生身父亲的感情来考虑，一般得到了缓和。俾斯麦说：“极权政治首要条件是统治者具有正直、无私的强烈的义务感，精力充沛和内心谦逊。”关于这个问题，如果允许我再引用一段文字的话，我要举出德国皇帝在科布伦茨的一段演说。他说：“王位是上帝的恩赐，并且伴随着对上帝的沉重的义务和巨大的责任。这是任何人，
任何大臣，任何议会都不能为国王免除掉的。” 52

仁是像母亲一样的温和的德行。如果认为耿直的道义和严厉的正义特地属于男性的话，那么，慈爱却具有女性的温柔和说服力。我们被告诫不要沉湎于不加区别的溺爱之中，应该加上正义和道义作为调料。伊达政宗[3]一语道破的格言：“过于义则固，过

[1] 驴子的复数（asses）与课税（assess），在英语的发音上相近。——译者

[2] 波别多诺斯采夫（1827—1907），俄国政治家、法律家。——译者

[3] 伊达政宗（1567—1636），仙台藩主。——译者

于仁则懦”，是人们经常引用的。

幸运的是，慈爱是美，并非稀有。“最刚毅的人是最温柔的人，仁爱的人是勇敢的人”，这是一个普遍的真理。所谓“武士之情”这句话，立即会打动我国国民的高尚情操。并不是武士的仁爱与他人的仁爱在种类上有什么区别。不过，就武士而言，仁爱并非盲目的冲动，而是适当地考虑到了正义的仁爱，而且并不仅仅是某种心理状态，而是在其背后拥有生杀予夺之权的仁爱。正如经济学家所说的有效需求与无效需求那样，我们可以称武士的爱为有效的爱。因为它包含着加给对手以利益或损害的实行力量。

武士以他所拥有的武力并把它付诸实践的特权而自豪，但同时对孟子所说的仁的力量却无保留地表示同意。孟子说：“仁之胜
53 不仁也，犹水之胜火。今之为仁者，犹以一杯水救一车薪之火也。”[①]又说：“恻隐之心，仁之端也。”[②]远在那位以同情心作为其道德哲学的基础的亚当·斯密很早以前，孟子早就这样说了。

一个国家关于武士荣誉的训条，竟然如此紧密地与别国有关训条相一致，实在令人惊异。换句话说，在那备受许多批评的东方道德观念中，却可以发现与欧洲文学最高尚的格言若合符节的东西。如果把这个著名的诗句：

“败者安之，骄者挫之，
建立和平之道——斯乃汝职。”

---

① 《孟子·告子上》。——译者
② 《孟子·公孙丑上》。——译者

给一位日本的有识之士看，他也许会马上责备这位曼图亚的诗人〔维吉尔〕是他本国文学的剽窃者。

对于弱者、劣者、败者的仁，被赞赏为特别适合于武士的德行。爱好日本美术的人，大概知道那幅一个和尚面向背后骑马的画吧，那个和尚就曾经是武士，在他声名鼎盛时，是一位人们一听到他的名字就害怕的猛士。须磨浦的激战[①]（公元 1184 年）是我国历史上最有决定意义的战役之一，当时他追赶着一个敌人，以其巨腕将他扭倒。在这种情况下，根据当时作战的规矩，除非被按倒的对方是身份高的人，或者被按倒者在力量上不次于按压者，否则就不应该流血。因此这位勇猛的武士想要知道被自己按倒的人的名字。54
但对方拒绝透露名字，拉开其头盔一看，露出了一张没有胡须的少年的美丽面孔。武士惊愕地松开手，扶他起来，以慈父般的语气对少年说：“你走开吧”。“你这位美丽的年轻公子，逃到你母亲那儿去吧，熊谷[②]的刀不会染上你的血，在被敌人查问之前赶快远走高飞吧！”年轻的武士拒绝走开，为了双方的荣誉请求熊谷当场砍下他的头。老练的熊谷挥在花白头上闪闪发光的白刃，是一把以前曾夺去许多人生命的白刃。但是，他的勇猛的心碎了，他的眼帘闪过了他的儿子在今天初次上阵随着号角冲锋前进的身影，这位武士的强劲的手哆嗦了。再次请求他赶快逃命，敦盛却不听，正在这时听到自己一方的兵士逼近的脚步声，他大叫道：“现在逃也来不及了，与其死在无名之辈的手里，莫如我亲手结果你的性命，以后

① 指源氏和平氏争夺天下的战役。——译者

② 熊谷直实（1141—1208），日本镰仓初期的武将，出家后法号莲生。——译者

再祈你冥福吧。一念弥陀佛，即灭无量罪！”就在这瞬间，大刀在空中一闪，当它落下时，刀刃便被青年武士的鲜血染红了。战争结束后，熊谷凯旋，但他已不再想念功勋荣誉，抛弃了戎马生涯，剃了头穿上僧衣，捧诵西方的弥陀净土，发誓不把后背朝向西方，将其余生托付给神圣的游方。

批评家或许会指摘这个故事的纰漏。在细枝末节上也许是可以挑剔的，不过，无论如何，这个故事所表现出来的把武士的最残酷的武功，用温柔、怜悯和仁爱来加以美化的特点，却是不会变的。古时的格言说：“穷鸟入怀时，猎夫亦不杀。”这大概可以说明，特别
55 是被认为由基督教推行的红十字运动之所以能在我国国民中间很容易地站稳脚跟的缘故。我们在听到日内瓦条约〔国际红十字会条约〕之前几十年，通过我国最伟大的小说家马琴[①]的笔，就熟悉了对负伤者施以医疗照顾的故事。在以尚武精神及其教育而著称的萨摩藩，青年中喜爱音乐靡然成风，所谓音乐，并不是那种刺激去仿效猛虎行动的、作为“血与死的喧嚣的前奏”的吹号和擂鼓，而是弹奏忧伤而柔和的琵琶。以缓和猛勇的心情、使思想驰骋于血雨腥风之外。如果按照波里比阿的说法，在阿卡迪亚宪法中，凡30岁以下的青年都要接受音乐教育。因为通过这种柔和的艺术，可以缓和因风土荒凉而导致的剽悍性格。他把在阿卡迪亚山脉这个地方看不到残忍成性的原因，归之于音乐的影响。

在日本，武士阶级中间培养温文尔雅之风的，并非只有萨摩藩

① 马琴，即泷泽马琴（1767—1848），江户后期小说家。——译者

而已。白河乐翁[①]在其随笔中记下了他的浮想，有如下的话："侵枕勿咎之花香、远寺钟声、凉夜虫鸣，皆幽趣也。"又说："落花之风、蔽月之云、攘争之人，凡此三者，虽憎可宥。"

为了使这些优美的情感表现于外，不，毋宁说为了涵养于内，在武士中间鼓励作诗歌。因此，在我国的诗歌中有着一股悲壮而优雅的强劲的潜流。某一乡村武士〔大鹫文吾〕的轶事，是人所共知的佳话。他被劝导作俳句，第一个试作题是"莺声"[②]，他的粗暴情绪发作了，便抛出了：

武士背过耳朵， 56
不听黄莺初春鸣。

的拙劣作品。他的老师〔大星由良之助〕对这种粗野的情感并不诧异，还是鼓励他，于是有一天，他内心的音乐感苏醒了，随着黄莺的美妙声音，吟出了如下的名句：

武士伫立，
在倾听莺儿歌唱。

克尔纳[③]在战场上负伤倒下时，唱出了他那著名的《向生命告别》。我们赞叹并歆羡他那短暂一生中的英雄行为，不过，类似的

① 白河乐翁，即松平定信（1758—1829），江户后期的高级官员。——译者

② 黄莺，有时被称为日本的夜莺。——作者

③ 克尔纳（1791—1813），德国诗人、剧作家。——译者

情况，在我国的战争中决不罕见。我国的简洁而遒劲的诗体，特别适合于表达触景生情的瞬间感情。多少有点教养的人，都能作和歌、俳句。在战场上奔驰的武士勒住战马，从他的腰间箭筒中取出小砚盒来写诗，而在生命消失在战场之后，在其头盔或胸甲内部取出了他吟咏的诗稿，乃是常有的事。

在战斗恐怖的高潮中，唤起哀怜的感情，在欧洲，这是由基督教来作的。在日本，则是由对音乐和文学的爱好来完成的。涵养
57 温文尔雅的感情，产生对他人痛苦的同情。而由于尊重他人的感情而产生的谦让和殷勤的心态，构成礼的根本。

第六章　礼

殷勤而郑重的礼貌是日本人的显著的特点，引起外国游客的 58
注意。如果礼貌只不过是害怕有损良好的风度时，那就是微不足道的德行了。与此相反，真正的礼貌应是对他人的情感的同情性关怀的外在表现。它还意味着对正当事物的相应的尊重，从而也就意味着对社会地位的相应的尊重。因为社会地位所表现的并不是什么金钱权势的差别，而本来是基于实际价值上的差别。

礼的最高形态，几乎接近于仁爱。我们可以虔敬的心情说："礼是宽容而慈悲，礼不妒忌，礼不夸耀，不骄，不行非礼，不求己利，不愤，不念人恶。"迪安教授在列举人性的六大要素中，给予礼以崇高的地位，把它作为社交的最成熟的果实，这是不足为怪的。

我虽这样地推崇礼，但决不是把它排在各种德行的首位。如果对它作一些分析的话，就会发现礼与其他处于更高位置的德行
之间的相互关联。有什么德行能够孤立地存在呢？礼被称颂为武 59
人特殊的德行，对它表示超过它所值得的高度尊崇——或者毋宁说是由于表示这种尊崇的缘故——就出现了它的冒牌货。孔子也曾经反复教诲说，正如音响并不是音乐一样，虚礼并不是礼。

当把礼提高到社交所不可缺少的必要条件时，为了教给青少年正确的社交态度，结果制定出一套礼貌规矩的详细体系应该说

是当然的。在同别人打招呼时应如何鞠躬，应如何走路和坐下，都以最大的注意来教导和学习。吃饭的举止竟发展成为一门学问，点茶和喝茶被提高成一种仪式。有教养的人理所当然地被认为精通这一切礼节。维布伦先生在他那饶有兴趣的著作[1]中说礼仪乃是“有闲阶级生活的产物和象征”，的确是很确切的。

我常常听到欧洲人对我国国民的周密礼法啧有烦言的批评。说它过多地占去了我们的思考余地，唯其如此，严格遵守它未免太可笑了。我承认在礼仪中是有一些不必要的细枝末节的规定。不过，比起西方追求的不断变化的时髦来说，究竟哪个更可笑呢？这是我心里还弄不太清楚的问题。即便是时髦，我也并不认为它仅仅是见异思迁的虚荣。相反，我把它看成是人们心理上对美的无休止的追求。况且，我并不认为周密的礼仪是毫无价值的东西。它是长期的实践结果所证明的，为了达到某种特定效果的最恰当的方式。当我们要做什么事时，必定有做此事的最好方法。而最
60 好的方法应是最经济的，同时也是最优美的方法。斯宾塞先生对优美下的定义是：动作的最经济的态度。茶道的仪式规定了使用茶碗、茶勺、茶巾等的一定方式。在新手看来未免乏味。但他马上就会发现，这套规定的方式，归根结底是最节省时间和劳力的，换句话说，是最省力的——因此，根据斯宾塞的定义，它是最优美的。

社交礼法的精神的意义——或者，借用《旧衣新裁》[2]的用语

① 维布伦：《有闲阶级论》，纽约，1899年，第46页。——作者

② 《旧衣新裁》(*Sator Resartus*)是英国思想家托马斯·卡莱尔所写的一本记录其精神发展的书。——译者

来说，礼仪举止可以说只不过是精神规律的外衣罢了——它的外表远远大于我们相信的程度。我们可以仿效斯宾塞先生的范例，去探求关于我国国民的礼法的起源以及使它建立起来的道德动机的踪迹。不过，这并不是我在本书中所要做的。我想要着重指出的乃是在严格遵守礼仪中所包括的道德的训练。

如上所说，礼仪举止详细规定到细枝末节，于是便产生了各种流派的不同体系。但是在最终的本质上，它们是一致的，如果用最著名的礼法流派、小笠原流宗家①〔小笠原清务〕的话来说，就是“礼道之要，在于练心。以礼端坐，虽凶人以剑相向，亦不能加害。”换句话说，通过不间断地修炼正确的礼法，人的身体的一切部位及其机能便会产生完善的秩序，以至达到身体与环境完全和谐，表现为精神对肉体的支配。法语的 bienséance〔礼仪〕（在语源上是正坐的意思），这样说来，不就具有崭新而且深刻的意义了吗？ 61

假如说优美意味着节省力量的说法果然是对的话，那么作为其逻辑的结果必然就是，持续实行优雅的举止，就会带来力量的保存和贮备。因此，典雅的举止便意味着力量处于休息状态。在蛮族高卢人抢掠罗马，闯进正在开会的元老院，竟敢无礼地去扯那些可尊敬的元老们的胡子时，元老们的态度缺少威严与力量这一点看来值得非难。那么，通过礼仪举止真的可以到达崇高的思想境界吗？为什么不能呢？——条条道路通罗马嘛！

作为一个能使一件最简单的事情成为一种艺术，并且成为思

① 小笠原流是武家礼法的一大宗派，据传系小笠原长秀所规定，如以三指拄席行礼等。——译者

想修养的例子，我要举出茶道来。喝茶居然是艺术！有什么可笑的呢？在沙上画画的儿童中，或在岩石上雕刻的野蛮人中，就有拉斐尔或米开朗琪罗艺术的萌芽。何况是随着印度隐士的冥想而开始的饮茶，具有发展到宗教和道德的侍女的资格，难道不更重大得多吗？茶道的要义在于内心平静、感情明彻、举止安详，这些无疑是正确的思维和正确的情感的首要条件。隔断了嘈杂人群的形象和声音的斗室，其彻底清净本身就引诱人的思想脱离尘世。在那整洁幽静的斗室里，不像西方的客厅摆有许多绘画和古董那样使人耳目眩惑的东西，其“挂轴”[①]与其说是由于它的绚丽色彩，毋宁说是由于它的幽雅构图，引起我们的注意。趣味的高度洗练就是所追求的目的，与此相反的些许虚饰都被当作宗教的恐怖而受到排斥。在战争和关于战争的传言连绵不断的时代，由一位冥想的
62 隐士〔千利休〕[②]所设想出来这一事实就充分表明这种礼法决不仅是为了消遣。参加茶道的人们在进入茶室的幽静境地之前，连同他们的佩刀，把战场上的凶暴、政治上的忧虑都放下来，在室内所看到的是和平与友谊。

茶道是超越礼法的东西——它是一种艺术。它是以有节奏的动作为韵律的诗。它是思想修养的实践方式。茶道的最大价值就在于最后所指出的这一点上。学习茶道的门徒们专为上面所列举其他各点而分心的也为数不少，不过，这并不足以证明茶道的本质

① “挂轴”是作为装饰用的绘画或书法。——作者

② 千利休(1521—1591)，本名宗易，安土桃山时代的茶人，向武野绍鸥学习茶道，完成“佗茶”，后因触怒丰臣秀吉而自杀。——译者

不是精神性质的。

礼仪纵令只使举止优美，那也大有裨益。但它的功能决非仅止于此。礼仪发自仁爱和谦逊的动机，凭对他人的温柔感情而律动，因而经常是同情的优美表现。礼对我们所要求的是，与哭泣者共哭泣，与喜悦者同喜悦。当这样训谕的要求，涉及日常生活的细节时，就表现为几乎不引人注意的琐细行为。再者，即使引人注意，也会像一位在日本住了20年的女传教士曾对我说过的那样，看来非常“不可思议”。如果一个人在中午的烈日下不打阳伞，在户外遇到一个日本的熟人互相寒暄时，这个人便立刻摘下帽子——很好，这是极其自然的。但是，那个人在对谈中也收起了自己的阳伞，一直站在烈日之下，那可就是“非常不可思议”的做法。该多么愚蠢啊！——是的，如果他的动机不是：“你曝晒在阳光下，我同情你。如果我的阳伞很大，或者我们是亲密的朋友的话，我会 63
高兴请你进入我的阳伞之下。不过，我虽不能把你全遮上，至少我要分担你的痛苦，”那才真的不可思议呢。像这一样的，或者更不可思议的琐细行为是不少的，它们不仅是一种姿态或习惯，而且是关心他人舒适的深思熟虑的感情的“体现”。

还可以再举一个关于我国礼法所规定的习惯中的“非常不可思议”的例子。许多谈及日本的肤浅的作家把它简单加以处理归之于日本国民对任何事物都普遍颠倒过来的习性。无论哪一个碰到这种习惯的外国人都会坦白说出，要在这种场合作出适当的回答感到困惑。这不是别的，在美国当赠送礼物时，向接受礼物者夸奖那个礼品，而在日本却是贬低、轻视那个物品。美国人的心意是：“这是一件精美的礼物。如果不是精美的东西的话，我就不敢

把它送给你。因为把不精美的东西送给你那便是侮辱。”与此相反，日本人的逻辑是：“你是一位好人，没有任何精美的东西能配得上你。无论把什么东西放在你的面前，除了作为我的善意的表示
64 之外，它都是不会被接受的。这件东西并不是因为它本身的价值，而是作为纪念请你收下。即使最完美的礼物，如果声称它完美得配得上你，那是对你的身价的侮辱。”如果对比一下这两种思想，其最终的想法是一样的。哪一个都不是“非常不可思议”的东西。美国人是就礼品的物质方面而言，日本人是就送上礼品的思想方面而言。

由于我国国民的礼仪感一直体现到举止的一切细枝末节，从其中抽出一个最轻微的东西，把它当作典型，据此对原则本身做出批判，这是颠倒了推理方法。吃饭和遵守吃饭的礼法，哪一个更重要呢？一位中国的贤人〔孟子〕回答说：“取食之重者与礼之轻者而比之，奚翅食重？”“金重于羽者，岂谓一钩金与一舆羽之谓哉！”① 即使把方寸之木放在岑楼之上，也不会有人说它比岑楼还高吧②。或许有人会说：“说真实话与遵守礼仪，哪一个比起来更重要呢？”对于这个问题的回答，日本人与美国人会正相反的。——不过，在论述有关信实与诚实这个题目之前，我对此先不作评论。

① 《孟子·告子下》。——译者

② 岑楼是像山那样高而尖的楼。按《孟子·告子下》里面的原文是：“不揣其本而齐其末，方寸之木，可使高于岑楼。”——译者

第七章　诚

没有信实和诚实，礼仪便是一场闹剧和演戏。伊达政宗说：65
“礼之过则谄。”一位古代的和歌作者告诫说：“心如归于诚之道，不祈神亦佑焉”，他超越了波洛尼厄斯。孔子在《中庸》里尊崇诚，赋予它超自然之力，几乎把它与神等量齐观。他说：“诚者，物之终始，不诚无物。”他还滔滔不绝地论述了诚的博厚和悠久的性质，不动而变，无为而成的力量。“诚”这个汉字，是由“言”和“成”结合而成，使人不禁想到它与新柏拉图学派的逻各斯[①]说颇相类似——孔子以他那非凡的神秘的飞跃达到了这样的高度。

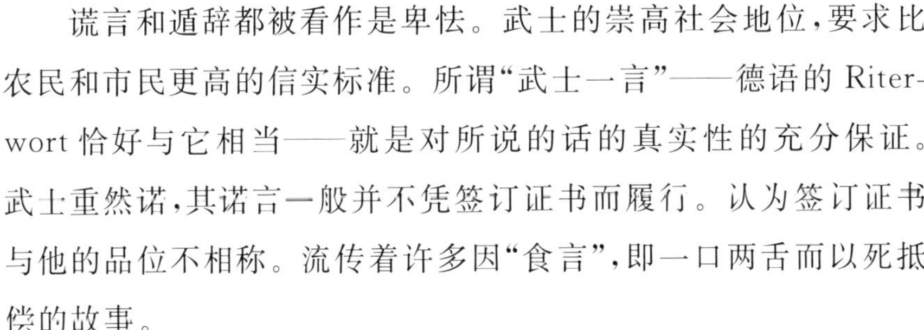

谎言和遁辞都被看作是卑怯。武士的崇高社会地位，要求比农民和市民更高的信实标准。所谓“武士一言”——德语的 Riterwort 恰好与它相当——就是对所说的话的真实性的充分保证。武士重然诺，其诺言一般并不凭签订证书而履行。认为签订证书与他的品位不相称。流传着许多因“食言”，即一口两舌而以死抵偿的故事。

由于重信实到如此崇高，因此，真正的武士就把发誓认为是对 66
他们名誉的毁损。这一点是与一般的基督徒经常违背主的明确的

① Logos，有语言、思想、意义、概念等义。——译者

“不要发誓”的命令不同的。我知道武士呼叫众神或凭着佩刀来起誓。但是他们的誓言决不会堕落成形式上的游戏或毫无诚意的感叹词。为了强调其誓言，常常是不折不扣地以沥血来判断。作为这种方法的解释，我只要求读者参看一下歌德的《浮士德》就够了。

最近有一位美国人写的书说：“如果你问一个普通的日本人，谎言和失礼你采取哪一个？他会毫不踌躇地回答说：‘谎言’。”皮里博士这样说[①]，是一部分对了，一部分错了。不仅是普通的日本人，甚至连武士也会像他所说的那样来回答的，在这一点上来说是对了。但是博士把日语的谎言（ウソ）这个词译作“falsehood”（虚伪），给它加以过重的分量，这一点却错了。所谓“ウソ”这个日本词，大都用来表明并非真实（“マコト”）或并非事实（“ホントウ”）。如果引用洛厄尔[②]的说法，华兹华斯未能区别真实和事实，普通的日本人在这方面是同华兹华斯一样的。询问日本人，或者有些教养的美国人，他是否喜欢你，或他是否有胃病？大概他会毫不迟疑
67 地用谎言来回答：“我很喜欢你”，或“我很健康，谢谢”。与此相反，单纯为了礼仪而牺牲真实，便成了“虚礼”、“以甜言蜜语来骗人”。

我知道我现在谈的是武士道的信实观。但是稍微说几句有关我国国民商业道德的话，可能也并非不恰当。关于这点，已从外国的书籍报纸上听到了许多怨言。松弛的商业道德确实是我国国民声誉上最糟的污点。不过，在痛骂它、或者因此而过早地责难全体

① 皮里：《日本的真相》，第 86 页。——作者

② 洛厄尔（1855—1916），美国天文学家，曾旅居日本。著有《远东的精神》等。——译者

国民之前，我们何不冷静地研究它一下呢？果尔，我们会对未来感到慰藉吧。

在社会上一切较大的职业中，没有比商业离武士更远的了。商人在所谓的士农工商的职业阶层中，被置于最低的位置。武士靠土地获得收入，而且，假如他自己愿意的话，甚至可以从事业余农业。但是柜台和算盘则受到嫌弃。我们了解这样社会安排的睿智。孟德斯鸠早已表明，使贵族远离商业，是预防财富积聚于掌握权力者手中的值得称赞的社会政策。权力和财富的分离，会使财富的分配接近均衡。迪尔教授在他所著的《西罗马帝国的最后世纪的罗马社会》中，论证了罗马帝国衰亡的原因之一，就在于允许贵族从事商业，结果产生了少数元老家族垄断财富和权力的情况，这是我们记忆犹新的。

因此，封建时代的日本商业，从未发达到在自由情况下它应达 68
到的程度。对这种职业的轻蔑，就自然而然地使那些不顾社会褒贬毁誉的人们集聚于其范围之内。“把一个人称为贼，他就会去偷。”如果某一职业蒙受玷污，那么从事这种职业的人就会照此来定他们的道德水平。正如休·布莱克所说：“正常的良心会一直上升到对它所要求的高度，又很容易下降到所期待于它的标准的界限。”大概这是十分自然的。不论商业或其他职业，任何职业没有道德准则不行，这是不屑说的。封建时代的日本商人在他们之间也有道德准则，没有它，诸如同业公会、银行、交易所、保险、票据、汇兑等基本的商业制度，尽管正处于胎儿状态，就不会取得发展。不过，在他们同自己的职业以外的人们的关系方面，商人的生活完全适合于对他们阶级的评价。

由于这种情况，我国在开放对外贸易时，只有最冒险的而且毫无顾忌的人才奔向港口，那些可敬的商号，尽管当局一再要求其开设分店，却暂且继续表示拒绝。那么，武士道就没有力量去阻止商业上的不名誉的趋势吗？让我们来思考一下这一点。

正如熟悉我国历史的人所记得的那样，我国在开放对外贸易
69 口岸仅仅数年之后，封建制度便被废除了。与此同时，武士的俸禄被取消了，发给公债来作补偿，这时他们可以自由地将公债投资于商业。于是，诸位或许会问："为什么他们没能把其高度自豪的信实应用到他们的新的事业关系方面，用它来改革旧弊呢？"许多高洁而正直的武士，在新的而且不习惯的工商业领域与狡猾的平民竞争对手竞争时，由于完全不知道讨价还价而招致难以挽回的大失败，关于他们的命运，凡是看到的都哭不胜哭，有感情心的人都会同情不已。据说即便在美国那样的实业国家中，几乎要有百分之八十的实业家失败，那么即使从事实业的武士，在这个新职业中，成功者百人难得有一个，也就不足为奇。关于尝试把武士道的道德应用于商业交易而毁灭了多少财产，确定这个数额是要费时间的。不过，财富之路并非荣誉之路，谁一看都会马上就明白。那么，两者的差别究竟在哪一点呢？

在莱基所列举的信实的三个诱因，即经济的、政治的和哲学的诱因中，第一个诱因，正是武士道所缺少的。第二个诱因，在封建制度下的政治社会中也没能获得多大发展。正直所以在我国国民的道德条目中获得了崇高地位，是其哲学的诱因，正如莱基所说，即其最高的表现。对于盎格鲁—撒克逊民族的很高的商业道德，
70 当我以所有的诚意和尊敬询问其最终的基础时，我得到的答复是：

“正直是最佳的政策”——就是说正直是**合算**的。那么，德行本身岂不就是这种德行的回报吗？如果说因为正直要比虚伪能得到更多的现金所以遵守它的话，我恐怕武士道宁愿沉溺于谎言之中！

虽然武士道拒绝所谓“以一还一”的报偿主义，狡狯的商人却容易接受它。莱基所说信实的发展主要应归功于工商业的话极为正确。正如尼采所说，正直是各种德行中最年轻者——换句话来说，它是现代产业的养子。没有这个母亲，信实就好像一个出身高贵的孤儿，只有最富有教养的心灵才能养育他。这样的心灵在武士中是普遍具有的，不过，由于没有更平民的而且注重实利的养母，这个幼儿就未能得到完美的发育。随着产业的发展，人们就会理解，做到信实是容易的，不、是有利可图的德行。试想想看——俾斯麦对德意志帝国的领事发出训令，警告说：“其中德国船只装载的货物，在品质和数量两方面都显得可悲地缺乏信用”，这是在不久前1880年11月的事。然而，今天已较少听到德国人在商业上不注意、不正直的事了。20年间，德国商人终于学到了正直是合算的。我国的商人也已经发现了这件事。关于除此以外的事，我要向读者推荐两本对这点能够作出确切判断的新书[①]。与此相关联，谈谈甚至借债的商人也会以提出保证书的形式把正直和名誉作为最可靠的保证，可能是饶有兴趣的。“在拖延偿还惠借款项的期限时，即使在大庭广众面前嘲笑我，也毫无怨言”，或者“在不偿还时，情愿骂我是混蛋”写上诸如此类的词句，是普通的事。 71

① 克纳普：《封建的和现代的日本》，第1卷，第4章。兰塞姆（Ransome）：《转变期中的日本》，第8章。——作者

我常常自省，武士道的信实，是否还有比勇气更高的动机。由于没有不得作伪证的正面的戒律，谎言并不被判作罪行，仅仅被当作懦弱而受到排斥。这个懦弱是极其不名誉的。事实上，正直这个观念是同名誉不可分割地混合在一起的，而它的拉丁语和德语的语源和名誉是同一个词。于是我就到了应当考察一下武士道的名誉观的适当时机了。

第八章　名誉

名誉的意识包含着人格的尊严及对价值的明确的自觉。因 72
此，使成为生来就懂得重视随其身份而来的义务和特权，并受到那种教育的武士所不能不具有的特点。虽然那时并未自由地使用像今天作为 honour 的译名而普遍使用的“名誉”一词，但这个观念是用“名”、“体面”、“名声”等词语来表达的。这三个词语，使人联想到《圣经》上所使用的“名”（name）、从希腊语派生的“人格”（personality）以及“名声”（fame）。令名——人的名声，“人本身的不朽的部分，没有了它人便是禽兽”——对它的清白的任何侵犯理所当然地都会感到是耻辱。廉耻心是在少年教育中所应培养的最初的德行之一。“会被人耻笑的”，“有损体面”，“不感觉羞耻吗”等等，就是对犯了过失的少年，为促使其行为端正而做的最后的诉说。打动少年的名誉心，如同他在母腹中已受到名誉的培养一样，触及他心情的最敏感之处。因为名誉是同强烈的家族自觉紧密地联结在一起的，所以它的确是出生以前的熏陶。巴尔扎克说：“社会失去了家族的纽带，就失去了孟德斯鸠称之为‘名誉’的基本力量。”的确，
照我看来，羞耻的感觉乃是人类的道德自觉的最初的征兆。我认 73
为，由于尝了“禁果”而落到人类头上的最初而且最重的惩罚，既不是生育孩子的痛苦，也不是荆棘和蓟草，而是羞耻感的觉醒。再也

没有比那最初的母亲〔夏娃〕喘息着胸脯，颤抖着手指，用粗糙的针来缝那沮丧的丈夫摘给她的几片无花果树叶的情景，更为可悲的历史事件了。这个不服从的最初之果，以其非他物所能企及的执拗性顽固地纠缠着我们。人类所有的裁缝技术，在缝制一条足以有效地遮蔽我们的羞耻感的围裙上一直还未取得成功。一位武士〔新井白石〕，在他少年时代就拒绝在品质上与轻微的屈辱妥协，他说："不名誉如同树的伤痕，它不随时间而消逝，反而只能增大"，这是正确的。

卡莱尔说："羞耻是一切德行、善良风度以及高尚道德的土壤"，而先于他数百年，孟子就曾以几乎同样的词句〔"羞恶之心，义之端也"〕[①]教诲过了。

在我国的文学中，虽然没有像莎士比亚那样借诺福克[②]之口道出的雄辩，但是，尽管如此，对耻辱的恐惧却是极大的，它像达摩克利斯的剑一样悬在武士头上，甚至每每带着病态的性质。在武士道的训条中，一些看不出有任何值得肯定的行为，却可以名誉之名而做了出来。因为一些极其琐细的，不，由于想象的侮辱，性情急躁的自大狂者就会发怒，立即诉诸佩刀，挑起许多不必要的争斗，断送了许多无辜的生命。有这么一个故事，某个商人好意地提醒一个武士他的背上有个跳蚤在跳，便立刻被砍成两半。其简单
74 而又奇怪的理由就是，因为跳蚤是寄生于畜牲身上的虫子，把高贵的武士与畜牲等同看待，是不能容许的侮辱——不过，这样的故事荒谬透顶，令人无法相信。但是，像这样的故事所以得到流传，包

---

① 《孟子·公孙丑上》。——译者

② 莎士比亚《李尔王》中的人物。

含着三层意思。这就是：(1)为了吓唬老百姓而编造出来；(2)有时实际上滥用了武士的名誉身份；以及(3)在武士中发展了一种极其强烈的廉耻心。拿一个不正常的例子来责难武士道，显然是不公平的，无异于要从宗教的狂热和妄信的结果即宗教审判和伪善中来判断基督的真正的教导一样。但是，正像宗教的偏执狂比起醉汉的狂态来，毕竟还有些动人的高贵之处一样，在有关名誉的武士的极端敏感中，难道看不到那潜在的真正的德行吗？

纤细的名誉训条所容易陷入的病态的过火行动，却靠宽恕和忍耐的教导而极大地抵销了。因很小的刺激而发怒，被讥笑为“急躁”。俚谚说：“忍所不能忍，是为真忍”。在伟大的德川家康的遗训中有如下的话——“人之一生如负重担走远道。勿急……忍耐为安全长久之基……责己而勿责于人”。他以自己的一生来证实了他所说的话。某一狂歌师[①]假借我国历史上三个著名人物之口，说出了显示三人特点的如下的诗句：织田信长咏道：“不鸣就杀了你，子规”。丰臣秀吉咏道：“不鸣，就逼你鸣，子规。”而德川家康却咏道“不鸣就等到你鸣，子规。”

孟子也大为称赞忍耐和坚忍。他在某处写了这样意思的话：“虽 75
然你裸体来侮辱我，又奈我何，你的暴行污损不了我的灵魂。”——〔“虽袒裼裸裎于我侧，尔焉能浼我哉！”〕[②]——还有，在另一处他教导说，因小事而怒，君子之所愧，为大义而愤怒，此为义愤。[③]

① 狂歌为江户时代中期以后流行的用俗话做的滑稽“和歌”。——译者

② 《孟子·公孙丑上》。——译者

③ 按《孟子·梁惠王下》原文为：“王请无好小勇。夫抚剑疾视曰：‘彼恶敢当我哉！’此匹夫之勇，敌一人者也。王请大之！诗云：‘王赫斯怒，爰整其旅，以遏徂莒，以笃周祐，以对于天下。’此文王之勇也。文王一怒而安天下之民。”——译者

武士道能达到如何高度的不斗争、不抵抗的谦和呢？这可从武士道信奉者的言论中了解。例如，小河〔立所〕说：“对人之诬不逆之，惟思己之不信。”还有，熊泽〔蕃山〕说：“人咎不咎，人怒不怒，怒与欲俱泯，其心常乐。”还可以引用一个连“羞耻也不好意思停在”他那高贵额头上的西乡〔南洲〕的例子，他说：“道是天地自然的东西，人是行斯道的，目的在于敬天。因为天对人对我都毫无区别地施加仁爱，所以应以爱我之心爱人。不要以人为对手，而应以天为对手。以无为对手来尽一己之力，而不责备人，我应检查诚心是否够了。”这些话使我们想起了基督教的教诲，同时也向我们指示在道德实践方面，自然宗教能够与启示宗教接近到何等深的程度。上面这些话不只是说说而已，而且已在现实行动中具体化了。

必须承认，能够达到宽大、忍耐、仁恕这样崇高的高度的人，是为数甚少的。颇为遗憾的是，关于名誉究竟是由什么构成，并没有十分清晰而概括的说明，唯有少数智德卓越之士认识到名誉“并非由于境遇而产生”，而在于各人恪尽其本分。盖因青年在平安无事
76 时所学孟子的话：“欲贵者，人之同心也。人人有贵于己者，弗思耳。人之所贵者，非良贵也。赵孟所贵者，赵孟能贱之。”[①]到热情行动时却很容易就忘掉了。正如在下面要说到的那样，一般说来，对于侮辱马上就发怒，并且拼死来加以报复。反之，名誉——往往不过是虚荣或世俗的赞赏——则被珍视为人生的至善。唯有名誉，而不是财富或知识，才是青年追求的目标。许多少年在跨越他父亲房子的门槛时，内心就发誓：除非在世上成了名，否则就决不

① 《孟子·告子上》。——译者

再跨进这个门槛。而许多功名心切的母亲，除非她们的儿子衣锦还乡，否则就拒绝再去见他。为了免于受辱或为了成名，少年武士不辞千辛万苦，甘受肉体的或精神的痛苦的最严酷的考验。他们知道，少年时所获得的名誉将随着年龄而俱增。当围攻大阪的冬季战役时，德川家康的一个小儿子〔纪伊赖宣〕，尽管热心恳求要加入先锋队，却被安置在后卫了。在城池陷落时他非常失望地痛哭起来。一位老臣想尽方法试图安慰他，进谏道："这次您没有攻城陷阵请不必着急。在您一生之中，这样的事还会有许多次。"纪伊赖宣怒目注视着这位老臣说："我十三岁的年华难道还会有吗？"如果能得到名誉和声望，就连生命本身也被认为没有价值。因此，只要认为比生命更珍贵，就会极其平静而迅速地舍弃生命。

在多么宝贵的生命都可为之牺牲的最贵重不过的事情中，就数忠义。它是把各种封建道德联结成一个匀称的拱门的拱心石。 77

第九章　忠义

78　封建道德中的其他各种德行是同其他的伦理体系或其他的阶级的人们所共通的，但这个德行——对长上的服从和忠诚——则构成截然独具的特点。我知道，个人的忠诚是存在于各色各样的种类和境遇的人们之间的道德的纽带——一个小偷集团也要对费金[①]效忠。然而，只是在武士的名誉训条中，忠诚才获得至高无上的重要性。

黑格尔曾经批评封建臣下的忠诚[②]，因为它是对个人的义务而不是对国家的义务，所以是建立在不合理的原则之上的羁绊，尽管如此，他的伟大的同胞俾斯麦却认为个人的忠诚是德国人的美德而加以夸耀。俾斯麦夸奖它是有充分的理由的。然而他所夸奖的忠诚，并非因为它是他的祖国，或者任何一国国民或一个民族的专有物，而是由于骑士道这个鲜美果实在封建制度延续最长的国民中间一直保留到最晚的缘故。在美国，据认为“每个人都同他人相等”，并如爱尔兰人附加给它的话那样，“而且更胜于他人”，或许会认为我国国民对君主所感受到的崇高的忠义观念，虽然“在某种

① 费金(Fagin)，狄更斯《雾都孤儿》中人物，小偷的头头。——译者

② 见黑格尔《历史哲学》(英译本)第四部第二篇第一章。——作者

界限内是好的”，但是在我国国民中受到那样过甚的鼓励却是不合理的。很久以前孟德斯鸠就慨叹过，在比利牛斯山脉这一侧是正 79
确的事，在另一侧却是谬误的。而最近的德雷弗斯[①]案件，证明了他的话是真理，而且法兰西的正义得不到支持的国界，并不仅是一条比利牛斯山脉而已。同样地，如我国国民所抱有的忠义，在其他国家或许看不到许多赞美它的人。但这并不是因为我们的观念是谬误，恐怕却是因为他们把它忘记了，或许是因为我们把它发展到了在任何其他国家都未曾到达过的高度。在中国，儒教把对父母的服从作为人们的首要义务，而在日本却是把忠放在首位，格里菲斯[②]的这种论述是完全正确的。我不顾会遭到善良读者厌恶的危险，来叙述一个如同莎士比亚所说的，“在故事中留下了名字”的，“同式微的君主共艰苦”的人。

这是关于我国历史上的最伟大的人物之一的菅原道真[③]的故事。他成了嫉妒和谗诬的牺牲品，被放逐出京城，但他的冷酷的敌人并不以此为满足，策划要灭绝他的全族，严密搜查他那未成年的幼子的所在，查明菅原道真的旧臣叫源藏的把他秘密藏匿在一个寺院私塾中的事实。当限期交出幼年犯人首级的命令下达给源藏

① 德雷弗斯，犹太裔法国人，炮兵上尉。以向巴黎的德国公使馆出卖军事机密嫌疑，于1884年10月被捕，军事法庭审判结果，处以终身流放，撤职，送到法属圭亚那附近的魔鬼岛终身监禁。其后冤罪被揭露，真犯是陆军少校埃斯特哈齐，陆军当局迎合反犹太人的反动思潮，仍认为德雷弗斯并非无罪，以致在法国内，左拉和其他激进分子的弹劾声日益高涨，成为政治化问题，令世界舆论为之震惊，责问法国陆军当局。于是在重审下，认定德雷弗斯无罪。——译者

② 格里菲斯(1843—1928)，美国宗教家，著述家。著有《日本的宗教》等。——作者

③ 菅原道真(845—903)，平安前期的学者、政治家。——译者

时，他首先想到的是要找到一个合适的替身。他按照寺院学生的
名册，用深深注视的目光对进入寺院私塾的孩子一一仔细查看，但
80 在这些出生于农村的孩子中没有一个是稍稍类似他所藏匿的幼主
的。不过，他的绝望只是暂时的。看呵，有一个由器宇不凡的母亲
领来请求入学的孩子——是一个和主君的公子年龄相仿的秀气少年。

母亲和少年自己都知道，幼主和幼臣非常相像。在自家的密室里，两个人献身于祭坛，少年是献他的生命——母亲是把她的心献了出去。但表面上未露声色。源藏并未想到这些，却暗暗地下定决心。

现在找到了作为牺牲的山羊！——简单地说一下故事的余下部分。——在限定的那天，负责检验首级的官员〔松王丸〕前来领取首级。调包的首级能瞒得过他吗？可怜的源藏手按着刀柄提心吊胆，如果计谋被识破的话，就要给检验首级的官员或自己一刀。松王丸把放在他面前的可怜的首级挪过来，平静地仔细端详之后，用从容不迫的、公事公办的语调宣布“不假”。——这天晚上，在那孤寂的家中，曾经到过寺院私塾的母亲正在等待着。她已经知道了她儿子的命运。她热切地注视着门户的打开，但这却不是等待儿子的归来。她的公公长时期承蒙菅原道真的眷顾，道真流放到远方之后，她的丈夫却不得不去侍奉全家恩人的敌人。这虽属冷酷，他本人却不能不忠于自己的主人。但他的儿子却可以为祖父的主君效劳了。作为了解菅原道真家族的人，他被委以检验幼主首级的任务。现在，完成了那天的——当然，也是一生的——难以处理的任务之后，回到家里，还没有跨过门槛，便向妻子招呼道：“喂，老伴高兴吧，儿子已经效忠了！”

81 读者或许会喊道：“多么残酷的故事！”“双亲经过商量之后，为

了救别人的性命竟牺牲了自己无辜的儿子!”可是,这个孩子是自觉地而且是心甘情愿地去做牺牲的。这是一个替死的故事——是与亚伯拉罕想献上以撒的故事(《创世记》第22章)同样著名的故事,而且并不是比它更令人厌恶的故事。不管这是由眼睛看得见的天使所给予的还是来自看不见的天使的,是由肉耳听见的还是由内心的耳朵听见的,两者的情况都是对某种义务的召唤的顺从,对来自上天之声的命令的完全服从。——但是,我还是不来说教吧。

西方的个人主义承认父与子、夫与妻各有各的利害,因而人们对他人所担负的义务就必然显著地减少。但是,就武士道而言,家族及其成员的利害是一致的——浑然一体不可分离的东西。武士道把这个利害同爱情联结在一起——自然地、本能地、不可抗拒地联结起来。因此,如果我们凭自然的爱(连动物也具有的)为爱着的人去死,这算什么呢?“即使你们去爱那些爱你们自己的人,会得到什么报酬呢?收税人不是也那么做吗?”

赖山阳在他的伟大的《日本外史》中,用痛心的词句叙述了平重盛[①]关于父亲的叛逆行为在他内心的激烈斗争。“欲忠则不孝,欲孝则不忠。”可怜的重盛!我们看到,其后他就倾注心魂向上苍祈死,恳求从这个纯洁与正义难以并存的人世得到解脱。

有许许多多的平重盛在义务与人情的冲突中心被撕裂。的 82
确,不论是在莎士比亚那里,还是在《旧约圣经》里,都没有包含相当于我国国民所表现的尊敬父母的“孝”的概念的确切的译词。尽管如此,在像上面那种冲突的情况下,武士道会毫不迟疑地选择

① 赖山阳(1780—1832),江户后期的儒者、史学家。平重盛(1138—1179),平安末期武将。——译者

忠。妇女也鼓励她们的儿子，为主君而牺牲一切。武士的妻女，并不逊于寡妇温德姆[①]和她那有名的配偶，为了忠义她们会毅然决然，毫不踌躇地舍弃她们的儿子。

武士道和亚里士多德以及近代的几位社会学家一样，认为由于国家是先于个人而存在的，个人是作为国家的一部分及其中的一分子而诞生出来的，因而个人就应该为国家，或者为它的合法的掌权者，去生去死。看过《克力同》的读者，大概会记得苏格拉底所叙述的、关于他的逃亡问题，国法同他争辩的议论吧。其中，他扮演国法或国家说了这样的话："你本是在我的卵翼下诞生、抚养、而且受到教育的，而你竟敢说，你和你的祖先都不是我们的儿子和仆人吗？"[②]这样的话对我国国民来说，不会产生任何不正常的感觉。因为同样的话很久以前就挂在武士道的嘴上了，而其差别只不过是，国法和国家在我国则是通过具体的人来表现罢了。忠就是从这个政治原理产生的伦理。

83 对斯宾塞先生仅仅赋予政治服从——忠——以过渡性的职能的说法，[③]我并非全然无知。也许是这样吧。当日之德当日足矣。[④] 我们将安心地重复它。尤其是我们相信所谓的当日是一段

---

① 温德姆(Windham)，英王查理一世的臣下，在查理与克伦威尔军作战时，温德姆和他的三个儿子都战死了。有人去安慰温德姆的妻子，她说道：献给国王三个儿子何足惜，如果我还有儿子的话，也要把他献给国王。

② 严群译柏拉图《克力同》中译本(商务印书馆 1983 年版)译文作："你既是我们所生、所养、所教，首先你能说你本身和你祖先不是我们的子息与奴才吗？"——译者

③ 斯宾塞：《伦理学原理》，第 1 卷，第 2 部，第 10 章。

④ 按原文的这句话：Sufficient onto the day is the virtue thereof，是从《圣经》的"一天的难处一天当"(Sufficient onto the day is the evil thereof)脱胎而来。《圣经》的意思是"别为明天担忧吧"。——译者

很长的时期，何况我国国歌所说的“直到弹丸小石成为布满苔藓的大岩石”呢。

与此相关，我们会想起，就连在英国人这样的民主的国民中间，正如鲍特密先生最近所说的那样：“对一个人及其后裔的人格上的忠诚感情，是他们的祖先日耳曼人对其首领所怀抱的感情，它或多或少地流传下来，成为对他们君主血统的深厚忠诚，这表现在他们对王室的异常爱戴之中。”

斯宾塞先生预言道，政治服从将会为对良心的命令的忠诚所代替。假定他的推理得到实现——忠义以及随之而来的尊敬的本能会永远消灭吗？我们把我们的服从由一个主人转到另一个主人，而且对哪个主人都没有不信实之处。从掌握地上权柄的统治者的臣民，成为坐在我们内心最神圣地方的王的臣下。几年前，由一些陷入歧途的斯宾塞的弟子所挑起的极为愚蠢的争论，曾引起日本知识界的恐慌。由于他们过分热心地拥护对皇室的不可分割的忠诚，便责难基督徒发誓忠于其主，有大逆不道的倾向。他们没有诡辩家的机智，却摆出诡辩论的架势，缺乏烦琐哲学家的洗练，却摆出烦琐的迂论。我们在某种意义上，能够“侍奉二主而不亲此 84
疏彼”，“把凯撒的东西还给凯撒，把上帝的东西还给上帝”这样的事，他们是不知道的。苏格拉底难道不是在毫不退让地拒绝其对鬼神的忠诚做丝毫让步的同时，以同样的忠实和平静来服从地上的主人即国家的命令吗？他是生则遵从其良心，死则服务其国家。国家强大到居然对其人民要求良心的指挥权之日，那才是可悲的！

武士道并不要求我们的良心成为主君的奴隶。托马斯·莫布雷的下述诗句，充分地代表了我们的言论：

可畏的君主呵，我献身您的脚下，
我的生命唯君命是从，我的耻辱则不然，
抛弃生命是我的义务，即便死去，
不得把在墓前永生的我的芳名，
提供给阴暗的不名誉去用。

对于那些为了主君的反复无常的意志，或者妄念邪想而牺牲
85 自己良心的人，武士道给予的评价则很低。像这样的人，被鄙视为“佞臣”，即以阴险的阿谀来讨好的奸徒，或“宠臣”，即以卑躬屈节的随声附和来窃取主君宠爱的嬖臣。这两种臣子，和伊阿古[①]所说的完全一致。——一种是“自身的脖子上套着绳索，同主人畜圈里的驴子一样，满不在乎地虚度一生，老实的低三下四的愚人”，另一种是“表面上装出忠心耿耿的姿态，做出业绩，而内心深处却一味为自己打算的人”。当臣子同君主意见有分歧时，他所采取的忠义之道，就要像臣事李尔王的肯特[②]那样，用尽各种手段来匡正君主的错误。当未被接受时，就让主君随意处置自己。这时，武士通常采取的办法，就是溅自己的血来表明谏言的忠诚，以此作为对主君的明智和良心的最后申诉。

把生命看作是臣事主君的手段，而其理想则放在名誉上面。因此，武士的全部教育和训练就是以此为基础来进行的。

---

① 伊阿古(Iago)，莎士比亚《奥瑟罗》中的人物。伊阿古说：“有一班奴才，他们卑躬屈节，唯命是从，甘心套着那锁链，出卖自己的一生，活像他主人的驴子，……”“另外有种人，他们表面上装得忠心耿耿，骨子里却是处处替自己打算；……”(方平译《奥瑟罗》，上海译文出版社 1980 年版)——译者

② 莎士比亚《李尔王》中的人物。

第十章　武士的教育和训练

在武士的教育方面，首先应遵守的一点在于品质的建立，并不重视思维、知识、辩论等的智力才能。如前所述，美学的修养在武士的教育上占有重要作用。它是有教养的人所不可或缺的，但在武士的训练上，与其说它是本质的，毋宁说是附属品。智力的卓越当然是贵重的。但是用来表现智力的所谓“知”这个词，主要意味着睿智，而对知识只给以极为附属的地位。支撑着武士道整个骨架的三个鼎足被称为智、仁、勇。武士本质上是行动的人。学问是在他的活动范围之外的。他只是在与武士的职责有关的限度内来利用它。宗教和神学则委之于僧侣，武士只是在有助于培养勇气的限度内才参与其事。正像一位英国诗人所吟咏的那样，武士相信“拯救人的并非信条，而使信条正当化的是人”。哲学和文学构成他的智育的主要部分。但是，在学习这些方面，他所追求的并非客观真理——文学主要是作为消遣的娱乐来学习的，哲学则是为了阐明军事的或政治的问题，否则就是作为有助于实际建立品质来学习的。 86

根据上面所说的，可见武士道教育中教授的课程主要是由击剑、箭术、柔术或柔道，马术、矛术、兵法、书法、伦理、文学以及历史等组成，就不足为奇。在这些课程中，对柔道和书法或许有必要作几句说明。所以重视善于书法，恐怕是因为我国的文字具有绘画的 87

性质，因而具有艺术价值的缘故，再者，笔迹被认为是表现一个人的性格的东西。柔术，如果给它下一个简单定义的话，大概可以说是把解剖学知识应用于攻击和防御的目的。在不依赖于肌肉的力量这一点上，它是不同于角力的。再者，它不同于其他攻击方法，并不使用任何武器。其特点在于抓住或打击敌人身体某个部位，使他麻痹，以至不能抵抗。其目的不在于杀死敌人，而是使他暂时不能活动。

在军事教育上期待会有的，而在武士道的教授课程中却看不到的，毋宁说引人注目的课程是数学。但这是由于封建时代的战争并不是以科学的精确性来进行的事实，部分的容易得到说明。不仅如此，武士的整个教育都不适于培养数字的观念。

武士道是非经济性的。它以贫困而自豪。它同文提狄斯[①]一样，“武士的道德是名誉心，与其获得利益而蒙受污名，宁可选择损失。”堂吉诃德认为比起黄金和领地来，对他的生了锈的枪和皮包骨的马更感到自傲，而武士对这位拉曼查的言过其实的同僚却抱着由衷的同情。他对金钱这东西是鄙视的——无论是赚取它或是
88 储存它。在他看来，这的确是不义之财。形容时代的颓废的常用语就是所谓：“文官爱钱，武官惜命。”吝惜黄金和生命，受到极大鄙视，而对其浪费则受到赞扬。谚语说：“尤其勿思金银之欲，富则害智。”因此，儿童是在完全无视经济的环境下养育起来的。谈论钱财事，被认为是低级趣味，而不知道各种货币的价值却是良好教育的标志。数的知识，在集合兵力时，或者分配恩赏采邑时是不可缺少的。但是货币的计算则委之于下级官吏。在大多数藩国中，财

① 文提狄斯（Ventidius），莎士比亚《雅典的泰门》中的人物。

政是由下级武士或僧侣来掌管。有头脑的武士都十分清楚金钱是支持战争的力量，但从未考虑把尊重金钱提高成一种德行。武士道教导节俭是事实，但并非出于经济的理由，而是出于训练克己的目的。奢侈被认为是对人的最大威胁，因而要求武士阶级过最严格的质朴生活，许多藩国都严厉执行对奢侈的禁令。

正如我们在历史上所看到的，在古罗马，税吏和其他掌管财政者的地位逐渐被提高到武士阶级，国家由此承认了他们的职务以及金钱本身的重要性。这一事实与罗马人的奢侈和贪欲有着如何密切的关系，是不难想象的。在武士道则是不同的。它一贯坚持把理财之道看成是低下的东西——比起道德上的和知识上的职务来说，是低下的东西。

由于这样极力卑视金钱和金钱欲，武士道便得以长期摆脱了 89
来自金钱的千百种弊端。这就是说明我国官吏能够长期避免腐化这一事实的充分理由。然而呜呼！在现代，拜金思想的发展却是何等迅速呵！

如果说在今天主要通过数学研究来助长的智能训练，而当时是由文学的讲解和伦理学的讨论授予的。如前所述，那时教育的主要目的在于品质的建立，因此，青少年的心就极少为抽象的问题所烦扰。仅仅靠博学多知，并不能获得众多的崇拜者。在培根列举的学问的三个效用，即快乐、装饰和能力三者之中，武士道对最后一个给予决定性的优先地位，而其实用则在于“判断和事务的处理”。公务的处理也好，克己的练习也好，都着眼于实际的目的来施行教育。孔子说：“学而不思则罔，思而不学则殆。”〔论语〕[①]

① 《论语·为政》。——译者

当选择品质而非知识、灵魂而非头脑来作为琢磨启发的素材时，教师的职业便带有神圣的性质。“生我者父母，使我成人者师长。”由于按照这个观念，为人师表者受到极其崇高的尊敬。能够从青少年那里唤起这种信赖和尊敬的人物，必然地应当具有卓越的人格并且兼备学识。他是亡父者的父亲，迷途者的告诫人。格言说：“父母如天地，师君如日月。”〔《实语教》〕[①]

对各种工作都付予报酬的现代制度，在武士道信奉者之间是
90 行不通的。武士道相信有能被看作既无金钱又无价格的工作。不管是僧侣的工作还是教师的工作，灵魂的劳动是不应以金银来报偿的。并不是因为没有价值，而是因为无法评价的缘故。在这点上，武士道的非算术性的名誉本能，授予了超乎现代经济学之上的真正的教训。因为工资和薪金只能付给那种其结果是具体的、能够把握的、可以计量的工作。然而教育上所做的最好工作——即灵魂的启发（包括僧侣的工作），并非具体的、能把握的、可计量的。由于是不能计量的，所以不适于使用作为价值的外观尺度的货币。虽然惯例上允许弟子在一年中某个季节向老师赠送金钱物品，但这并不是报酬，而是献礼。因此，通常品质严正的人，以清贫而自豪，想亲手劳动又竭力要保持尊严，要乞讨而自尊心又太强的老师，事实上也很高兴去接受这些东西。他们是不屈服于艰苦的、高尚精神的严肃的化身。他们被认为是一切学问的目的的具体化，是作为锻炼中的锻炼而普遍要求于武士的克己的活生生的模范。

① 《实语教》是抄录经书格言的儿童启蒙书，是江户时代寺庙私塾的课本，传系弘法大师所著。内容为：“山高故不贵，以有树为贵”等。——译者

第十一章　克己

一方面，勇的锻炼要求铭记着不哼一声的忍耐；另一方面，礼 91
的教导则要求我们不要因流露自己的悲哀或痛苦而伤害他人的快乐或宁静。这两者结合起来便产生禁欲主义的禀性，终于形成表面上的禁欲主义的国民性格。我之所以说表面上的禁欲主义，是因为不相信真正的禁欲主义能够成为一国全体国民的特性的缘故，同时还因为我国国民的礼节和习惯在外国观察家看来也许认为是冷酷无情。然而，我国国民实际上对柔情的敏感并不亚于世界上的任何民族。

我认为，从某种意义上说来，我国国民的多情善感的确要胜过其他民族好几倍。因为抑制感情的自然发作的努力本身会产生痛苦。请试想一下少年——而且还有少女所受的，不要为了发泄感情而流泪或发出呻吟之声的教育。这样的努力，是使他们的神经迟钝了呢，还是更加敏锐了呢，这是生理学上的一个问题。

武士在面部流露出感情，被认为不是男子汉大丈夫。“喜怒不
形于色”，是在评论伟大人物时所使用的话。最自然的爱情也要受 92
到抑制。父亲抱儿子有损他的尊严；丈夫不能与妻子接吻——在私室中姑且不论，在别人面前是不能这样做的。一个青年开玩笑说：“美国人在别人面前吻他的妻子，却在私室中打她；日本人则在

别人面前打他的妻子，却在私室中吻她”，这句话也许含有几分真理吧。

如果举止沉着，心情宁静的话，就不会为任何种类的激情所困扰。我想起了最近在同中国的战争〔中日甲午战争〕时的一件事。当某联队从某城出发的时候，许多群众为了向队长及其军队诀别而聚集在车站上。这时，一个美国人来到这个地方要看他预期的喧闹感情的迸发。这时全体国民已经非常激昂了，而在这些群众中也有士兵的父、母、妻子、情人等等。然而，这位美国人感到奇怪而失望了，因为当汽笛长鸣，列车开动时，数千人只是沉默地脱下帽子，恭敬地低下头来告别，既没有挥动手帕的人，也没有说出一句话的人，只有在深沉的寂静中侧耳倾听，才听得到细微的欷歔呜咽声。在家庭生活中也是这样，有的父亲为了不让孩子察觉到父母心软的表现，竟站在拉门后面整夜倾听病儿的呼吸！有的母亲在弥留之际，为了不妨碍她儿子的学习，不让把他叫回来。在我国国民的历史和日常生活中，充满了能够同普鲁塔克的某些最动人的篇章相媲美的巾帼英雄的实际例子。在我国的农民中，伊恩·
93 麦克拉伦肯定可以找到众多的马吉特·豪[①]。

在日本的基督教会里，信仰热复兴并不频繁，这也可以同样地用这个自我克制的锻炼来解释。男人也好，女人也好，当感到自己的心灵激动时，作为其第一个本能，就是悄悄地抑制住这种激动的外露。由于不可抗拒的心灵而让舌头自由地作真诚而热忱的雄辩的例子，是极稀少的。鼓励去轻率地谈论心灵的体验，就是教唆去

① 伊恩·麦克拉伦作品中的人物，贤妻良母的典型。

破坏第三诫——〔“勿以汝之上帝耶和华之名妄言”〕。对日本人的耳朵而言，在乌合之众的听众中用最神圣的语言去讲述心灵的最秘密的体验，的确是刺耳的。某个青年武士在日记中写道：“你的灵魂的土壤感到被微妙的思想所撼动吗？这就是种子在萌芽的时候。不要用言语来妨碍它。静静地、秘密地，让它独自活动吧。”

费许多唇舌来发表一个人内心深处的思想和感情——特别是宗教上的东西，在我国国民中看来，这是它们既不深邃、也不真诚的明确标志。谚语说：“开口则见肠，其唯石榴乎。”

在感情活动的瞬间，为了隐蔽它而使劲紧闭双唇，这完全不是什么东方人的心地乖僻。对我国国民来说，如同一个法国人〔塔列朗〕所下的定义那样，语言常常是“隐蔽思想的技术”。

在日本朋友处于最深重的痛苦中去访问他时，他会带着红眼圈、濡湿的面颊，却仍然和通常一样，面泛笑容来迎接你。起初你 94
们也许会以为他是歇斯底里。假如一定要求他加以解释的话，那么大概就会得到两三句片断的俗套话：“人生忧愁多”啦、“相会者常离”啦、“生者必灭”啦、“数亡儿的年龄虽是愚痴的，而女人的心常沉溺于愚痴”啦，如此等等。因此，远在那位高贵的霍亨索伦说出他那句高贵的话，即“要学会不吭一声地忍耐下去”很久之前，在我国国民中就有众多的心与之共鸣。

实际上，日本人在人性的软弱遇到最严酷的考验时，有经常做出笑颜的倾向。我认为，关于我国国民的笑癖，有着比德谟克里特其人要好的理由。因为我国国民的笑最经常地是在受到逆境困扰时，作为遮掩其努力恢复内心平衡的帷幕。它乃是悲哀或愤怒的平衡锤。

由于经常被要求这样抑制感情,便在诗歌中找到了它的安全阀。10世纪时的一位诗人〔纪贯之〕写道:“这样的事,可能并非爱好诗歌,中国也好,这里也好,这都是心思不堪重负时的一种手法。”一位母亲〔加贺的千代〕想象死去儿子的不在就像往常出去追扑蜻蜓似的,试图这样来安慰她那受伤的心,吟道:

追扑蜻蜓,今天你要走到哪里呀!

95 我就不再举其他的例子了。因为我知道,如果把这些呕心沥血地从胸中一滴一滴地挤出来、穿在价值连城的珍珠线上的思想,译成外文的话,反而会糟踏了字字珠玑的我国文学。我所希望的只是,把那种表面上每每表现为冷酷无情,或者似乎掺和着笑容与忧郁的歇斯底里,有时甚至会令人怀疑其健全性的我国国民的内心活动,在某种程度上表现出来。

有的人这样说,我国国民能够忍受痛苦而且不怕死,是由于神经不敏感。这在一定限度上是可能的。下一个问题是这样——“我国国民的神经紧张程度低是因为什么呢?”我国的气候或许不像美国那样富于刺激性。我国的君主政体或许不像共和制的法国人那样使国民兴奋。我国国民或许是不像英国国民那样热心读《归衣新裁》。我个人的意见是,我相信承认不断的自我克制的必要并且厉行这种自制,的确是由于我国国民的易于激动性和多愁善感性的缘故。总之,关于这个问题的任何说明,如果不把长年累月的克己锻炼考虑进去的话,都不会是正确的。

克己的修养很容易过分。它有时会压抑心灵的活泼的思潮。

它有时会扭曲率真的天性使之变成褊狭、畸形。它有时会产生顽固，培育伪善，钝化感情。如何高尚的德行也有它的反面，有它的赝品。我们在各个德行上面，必须认识其各自的积极的优点，追求其积极的理想。而克己的理想，按照我国国民的表现来说，就在于保持心境的平静，或者借用希腊语来说的话，就是达到德谟克里特 96
称为至高至善的 euthymia 的境界。

我们下面来考察一下自杀及复仇的制度，前者是克己所达到的顶点，而且是最好的表现。

第十二章　自杀及复仇的制度

97 关于这两个制度(前者被称为切腹,后者被称为复仇),许多国外作者都已比较详细地论述过。

首先说自杀。预先说一下,我把我的考察限定于切腹或剖腹,即俗话所说的剖肚子(harakiri)。它意味着用刺开腹部的办法来自杀。“刺开肚子? 多么愚蠢!”——乍一听到这个词的人可能会这样惊叫。这在外国人听来,最初也许认为愚蠢而奇怪,但对研究过莎士比亚的人说来,理应是无足为奇的。因为莎士比亚借布鲁图的口说过:“你(凯撒)的魂魄显现出来,把我的剑反过来刺进我的腹部吧。”再有,请听现代的一位英国诗人在他的《亚洲之光》中吟咏道,剑洞穿了女王的腹部——可是,没有任何人责备他的粗野的英语或者说他违反礼仪。或者,再举另外一个例子,请看在热那亚的罗萨宫里的古尔基诺画的伽图之死的画吧。读过艾迪生让伽图唱的绝命歌的读者,大概不会嘲笑那把深深刺进他的腹部的剑吧。在我国国民的心中,这种死的方式会联想到最高尚的行为以及
98 最动人的哀情的实际例子。因此,我们的切腹观并不伴随任何厌恶,更不要说任何嘲笑了。德行、伟大、安详的转化力令人惊叹,它使最丑恶的死亡形式带上崇高性,并使它变成新生命的象征。不然的话,君士坦丁大帝所看到的标志〔十字架〕就不会征服世界了吧。

切腹之所以在我国国民的心目中没有一丁半点不合理的感觉，并不仅是因为联想到其他事情的缘故。所以特意选择身体这个部位切开，乃是基于以这里为灵魂和爱情的归宿之处的古代解剖学的信念。摩西曾记下，“约瑟为其弟而（心）肠如焚”〔《创世记》四三之三〇〕；大卫向主祈祷别忘了他的肠子〔《诗篇》二五之六〕；以赛亚、耶利米以及其他古代的通灵者说过肠“鸣”〔《以赛亚书》一六之一一〕或肠“痛”〔《耶利米书》三一之二〇〕。这些都印证那种日本人中间流行的、灵魂寓于腹部的信仰。闪族人常把肝、肾及其周围的脂肪当作感情和生命的寓所。虽然“腹”这个词的意思，比希腊语的 phren 或 thumos 范围要广；但是，日本人也同希腊人一样，认为人的灵魂寓于这一部分的某处。这种想法决不是仅仅限于古代民族。法国人，尽管他们的最优秀的哲学家之一，笛卡尔提出了灵魂存在于松果腺的学说，却把在解剖学上还很模糊而在生理学上意思明确的 ventre〔腹部〕这个词，今天仍然用作〔勇气的意思〕。同样，法语的 entrailles〔腹部〕也用作爱情、怜悯的意思。这 99
种信仰并不是单纯的迷信，比起把心脏作为感情的中枢的一般观念还是科学的。日本人超过了罗密欧，不需要向修道士打听，就清楚地知道：“在这个臭皮囊的哪个丑恶部位住着人的名字”。现代的神经学专家谈论所谓腹部脑髓、腰部脑髓，提出这些部位的交感神经中枢，通过精神作用，能感受到强烈刺激的学说。这种精神生理学说一旦得到承认，切腹的逻辑就容易构成了。“我打开我的灵魂宝库，给您看看它的样子吧。是污浊的还是清白的？请您自己来看它吧。”

切莫误解我是主张在宗教上或道德上赞同自杀的。不过，高

度重视名誉的念头，就对许多自绝生命的人提供了充足的理由。

> 当丧失名誉时，唯有死是其解脱，
> 死是摆脱耻辱的可靠的隐避所。

有多少人对加思的诗所表达的感情抱有同感，欣然将其灵魂付与幽冥了呵！武士道在牵涉名誉问题时，接受以死作为解决许多复杂问题的钥匙。因此，富有功名心的武士毋宁认为，自然死是没有志气的事，并非热心追求的死。我敢说，许多善良的基督徒，
100 如果他们是十分诚实的话，那么对于伽图、布鲁图、佩特罗尼厄斯，以及其他许多古代伟人自己结束他在地上的生命的崇高态度，即使达不到积极赞赏的地步，也会坦率说出感到魅力的吧。如果说哲学家的鼻祖〔苏格拉底〕之死是半自杀的话，难道是说过头了吗？当我们通过他的弟子的笔详细读到，他尽管有逃掉的可能性却如何主动地服从国家的命令——而且，他知道这个命令在道德上是错误的——而他如何亲手去拿毒药杯，甚至还洒了几滴毒液来祭奠神灵时，难道我们从他整个的行动和态度中，还看不到这是自杀行为吗？这时，并没有像通常行刑时那样的肉体强制。不错，审判官的判决是强制性的，说："你必须死——而且应凭你自己的手去死"。如果说自杀并不意味比凭自己的手去死含有更多内容的话，那么苏格拉底的情况显然是自杀。但是，没有任何人会用犯罪来责备他。那个厌恶自杀的柏拉图，不愿意称他的老师为自杀者。

读者当已了解了切腹并不单纯是自杀的方法。它是法律上和礼法上的制度。作为中世纪的发明，它是武士用以抵罪、悔过、免

耻、赎友，或者证明自己忠实的方法。它在被命令作为法律上的刑罚时，竟用庄严的仪式来执行。那是经过洗练的自杀，没有感情上的极端的冷静和态度上的沉着，任何人也不能实行。因为这些缘故，它特别适合于武士。 101

即便仅仅出于考古的好奇心，我也想在这里描述一下这个现在已被废除了的仪式。不过，由于这样一个描绘已经由更有能力的作者做过了，而读过这本书的人今天并不多，因而我想从这本书中作一个较长的摘引。米特福德在他所著《旧日本的故事》中，从某一日本罕见的文献中译载了有关切腹的理论之后，还描写了一个他亲身目击的实际例子。

> 我们（七个外国代表）由日本验尸官引导进入了要执行仪式的寺院的正殿。那是森严的景象。正殿的屋顶很高，由黑色的木柱支撑着。从天棚上悬垂着金光灿灿的寺院所特有的巨大金色灯笼和其他装饰。在高高的佛坛前面地板上，安设了一个三四寸高的座席，铺着美丽的新榻榻米，摊放着红色的毛毯。间隔不远放着的高高的烛台射出了昏暗的神秘的光线，足够看到整个处刑的过程。七个日本验尸官坐在高座的左边，七个外国验尸官坐在右边。此外别无他人。
>
> 在不安的紧张中等待了几分钟，泷善三郎身穿着麻布礼服走进了正殿。他是一个年龄 32 岁，器宇不凡的魁梧男子汉。由一个断头人[1]和三个身穿金色刺绣无袖罩衣的官员陪

[1] 原文为“介错”（断头人），是在切腹自杀时帮助切腹者割下头颅的人。——译者

伴着他。必须知道,所谓断头人这个词,并不同于英语的 ex-
ecutioner(行刑人)这个词。这个任务是绅士的任务,多数场
102 合是由罪人的亲属或友人来执行,两者之间与其说是罪人和
行刑人的关系,毋宁说是主角和服侍者的关系。这一次,断头
人是泷善三郎的弟子,由于是一位剑术的高手,就从他几位友
人中被挑选了出来。

泷善三郎,左边跟随着断头人,慢慢地走到日本验尸官那边,两人一道向验尸官行礼,然后走近外国人这边,以同样的、恐怕是更郑重的态度,行了礼。每次都被报以恭敬的答礼。善三郎静静地、威风凛凛地登上了高座,在佛坛前跪拜了两次,然后背向佛坛端坐[①]在毛毯上,断头人则蹲在他的左侧。三个陪伴人中的一个,不久就把用白纸包着的胁差放在三宝——这是一种向神佛上供时用的带座的方木盘——上,走到前面。胁差就是日本人佩带的短刀或匕首,长九寸五分,其刀尖和刀刃像剃刀一般锋利。这个陪伴人行了礼之后就递给了罪人,他恭恭敬敬地接过来,用双手将它一直举到头顶上,然后放在自己面前。

在再一次郑重地行了礼之后,泷善三郎,他的声音显出痛苦招认者可能有的那种程度的感情和踌躇,但颜色、态度却毫无变化地说道:

“敝人只一个人,莽撞地、错误地下达了向神户的外国人

① 端坐:这是一种日本的方式,即膝盖和脚趾接触地面,身体则坐在脚跟上。这是一个受尊敬的姿势,在这个位置上,他一直坐到死为止。——作者

开枪的命令，看到他们要逃跑，又命令开枪。敝人现在负其罪责，谨切腹。请各位检验，偏劳了。”

再一次行完礼后，善三郎把上衣脱到系带那里，裸露到腰部，为了不致向后仰面倒下，按照惯例，小心地将两个袖子掖 103
进膝盖下面。这是因为高贵的日本武士必须向前伏下而死。他沉思一会坚定地拿起放在面前的短刀，好像喜欢得依依不舍似地注视着它，看来暂时在集中临终的念头，但很快便深深地刺入左腹，慢慢地拉向右腹，再拉回来，稍微向上一划。在这非常痛苦的动作中间，他的面部饥肉一动也不动。他拔出短刀，身子屈向前面，伸出了脖子。痛苦的表情这才掠过了他的面部，但并没有发出一点声音。直到此时一直蹲在他旁边、纹丝不动地注视着他的一举一动的断头人，不慌不忙站了起来，转瞬间高高挥起大刀。刀光一闪，咔嚓一声噗咯倒下，一击之下便身首异处了。

场上是死一样的寂静，只听见从我们面前的尸首内咕嘟咕嘟涌出的血液声。这个头的主人直到刚才曾是一个勇猛刚毅的男子汉呵！真可怕。

断头人匍匐行礼，取出预先准备好的白纸擦干了刀，从高座走了下来。那把血染的短刀作为砍头的证据被庄严地拿走了。

于是，两个朝廷的官员离开他们的座位来到外国验尸官的面前，说泷善三郎的处刑已毫不拖延地执行了，请去检验。仪式就此结束，我们离开了寺院。

要想从我国的文学或目击者的叙述中，描写切腹的情景是不胜枚举的。现在只要再举一个实例就足够了。

左近和内记是两兄弟，哥哥 24 岁，弟弟 17 岁，为了报父仇企图杀死德川家康，但他们刚一悄悄进入军营便被捕了。老将军赞
104 赏这敢来刺他的青年的勇气，下令让他们以荣誉方式去死。决定处死全家男人，当时才不过 8 岁的儿童、最小的弟弟八麿也处于同样命运。于是，他们三人被带到一座用作行刑场的寺院。由一个当时在场的医生写下的日记，记述了当时的情景：

> “当他们并排坐在等待死的席位上时，左近面向幼弟说：‘八麿，你先切腹吧，让我看到你切腹没有切错。’幼弟答道，他还未见过切腹，等看哥哥做的样子，自己再仿效做。哥哥含泪微笑说：‘你说得好，刚强的小家伙，不愧是父亲的儿子。’八麿被安排坐在两个哥哥中间，左近将刀扎进左腹，说：‘弟弟，看着，懂得了吧？切得太深了，就会向后倒，把双膝跪好向前俯伏。’内记也同样地一面切腹一面对弟弟说：‘眼睛要睁开，否则就像女人的死脸了。即使刀尖停滞了，或气力松弛了，还要鼓起勇气把刀拉回来。’八麿看到哥哥所做的样子，在两个人都咽气之后，便镇静地脱去了上身衣服，照着左右两位所教的样子漂漂亮亮地完成了切腹。”

既然把切腹当作一件荣誉的事，自然对它的滥用就产生了不小的诱惑。为了一些完全不符合道理的事情，或者为了一些根本不值得去死的理由，有些头脑发热的青年，就像飞蛾扑火那样去
105 死。因混乱而且暧昧的动机驱使武士去切腹的事，要比驱使尼姑

进入修道院还多。生命是不值钱的——按人世的名誉标准来衡量是不值钱的。最可悲的是名誉常常被打折扣，即常常不是纯金，却羼进了劣等金属。在但丁的《地狱》里描写的放置自杀者的第七圈中，没有谁可以夸耀胜过日本人的人口密度吧。

然而，对真正的武士说来，急于赴死或以死求媚同样是卑怯的。一位典型的武士，在他屡战屡败，从野地被赶到深山，从森林被追赶到洞穴，孑然一身，饥肠辘辘潜藏于阴暗的树窟之中，刀刃缺了，弓折了，矢尽了之时——这不也正是那最卓越的罗马人〔布鲁图〕这时在菲利皮以刀自刎了的吗？——认为死去是卑怯的，而以近乎基督教殉教者的忍耐，用吟咏来勉励自己道：

忧伤的事尽管在这上面堆积吧
将考验我自己力量的极限

这才是武士道所教导的——以忍耐和正确的良心来抗御一切灾祸、困难，并且要忍受住它。这正如孟子所说的："故天将降大任于斯人也，必先苦其心志，劳其筋骨，饿其体肤，空乏其身，行拂乱其所为，所以动心忍性，曾益其所不能①。"真正的名誉是执行天之 106
所命，为此而招致死亡，也决非不名誉。反之，为了回避天之所授而死去则完全是卑怯的！在托马斯·布朗爵士的奇书《医学宗教》中，有一段与我国武士道所反复教导的完全一致的话。且引述一下："蔑视死是勇敢的行为，然而在生比死更可怕的情况下，敢于活

① 《孟子·告子下》。——译者

下去才是真正的勇敢。”一位 17 世纪的有名和尚说过一句挖苦的话——“尽管平素如何能说会道，却从不想死的武士，在关键时刻会躲逃起来。”还有，“一旦内心决定去死的人，不论是真田的枪还是为朝的箭都不能穿透。”

这些话不是表明我国国民已很接近于那个教诲“为我而失去生命者得救了”的大建筑师〔耶稣基督〕的庙堂大门了吗？尽管有那些尽量在扩大基督教徒和异教徒之间的差别而努力的尝试，这些只不过是证实人类的道德一致性的大量例证中的两三个例子罢了。

这样，我们便可看出，武士道的自杀制度，它的滥用并不像我们乍一看吓了一跳那样不合理和野蛮。我们再来看看从它派生的姊妹制度报复——或者也可称为报仇——制度中，是否也有什么优点。我想可以用三言两语来处理这个问题。因为同样的制度——或者称之为习惯也可以——曾经在一切民族中流行过，而
107 且直到今天也并没有完全废除，这从继续进行决斗和私刑便可证明。最近不是还有一个美国军官为了替德雷弗斯报仇，而向埃斯特哈资提出决斗了吗？正如在一个没有实行结婚制度的未开化种族中，通奸是无罪的，只有其情人的嫉妒才使女子免于失贞一样，在没有刑事法庭的时代，杀人并不算犯罪，而只有被害人亲属的蓄意复仇，维持了社会的秩序。奥赛里斯问荷拉斯：“世上最美的事物是什么？”回答：“为父报仇”——对此，日本人会要加上：“报主君之仇。”

复仇中有着足以满足人们正义感的东西。复仇者的逻辑是这样的：“我的善良的父亲没有该死的理由。杀他的人是干了大坏

事。我的父亲如果还活着的话，不会宽恕这样的行为。天也憎恨恶行。使做坏事者不再作恶，是我父亲的意志，是天的意志。他必须由我的手弄死。因为他让我父亲流了血，我作为父亲的骨肉，必须使杀人者流血。我与他有不共戴天之仇。”这个逻辑是简单而幼稚的（但是，正如我们所知，哈姆雷特也没有比这更深的逻辑）。尽管如此，这里面表现了人类天生的正确的平衡感以及平等的正义感。“以眼还眼，以牙还牙。”我们的复仇感觉有如数理方面的力一样准确，直到方程式的两端相等为止，总免不了还有一件事尚未做之感。

108

在相信有嫉妒之神的犹太教中，或者在有涅墨西斯[①]的希腊神话中，复仇可以把它托付给超人的力量。但是常识却授予武士道以复仇制度来作为一种伦理的公正法庭，使那些按照普通法律没法审判的事件，可以在这里起诉。47个武士的主君被判为死罪。他并没有可以上诉的上级法院。他的忠义的家臣们就诉之于当时仅有的唯一最高法院——复仇。而他们却根据普通法律被定了罪——但是，民众的本能却作出了另一个判决，因此，他们的名字，同他们在泉岳寺[②]的坟墓一起，至今犹永葆其常青和芬芳。

老子教导以德报怨。然而教导以正义〔直〕报怨的孔子的声音却远比他响亮。——不过，复仇被认为只有在试图为长上或恩人的时候才是正当的。对施加自己本身，或者妻子的损害，则应忍受

① Nemesis是希腊神话中的复仇女神。——译者

② 泉岳寺，曹洞宗的寺庙，在东京都港区芝高轮，寺内有赤穗四十七义士墓。——译者

而且宽恕。因此,我国的武士对于声言要报祖国之仇的汉尼拔的誓言,完全抱有同感,而对于詹姆士·汉密尔顿在腰带中携带着从妻子墓上取来的一把土,作为向摄政默里报其妻之仇的永恒激励,则是轻蔑的。

切腹和复仇这两个制度,随着刑法法典的颁布,全都失去了存在的理由。再也听不到美丽的少女化装去追踪杀害父母亲的仇敌的罗曼蒂克的冒险。也看不见袭击家族仇敌的悲剧。宫本武藏[①]
109 的游侠经历,现在已成往昔的故事。纪律严明的警察为被害者搜索犯人,法律将满足正义的要求。整个国家和社会都在匡正非法行为。由于正义感已得到满足,以至于无须复仇了。如果复仇如同一位新英格兰的神学家所评论的那样,只不过是意味着“一种想要用牺牲者的鲜血来满足饥饿的欲望所培养的内心的渴望”的话,那么刑法法典中所写的那几条大概就可以把它根绝了吧?

关于切腹,制度上虽已不复存在,但仍不时听到这种行为。而且,只要还记得过去,恐怕今后还会听到它。如果看到信仰自杀者以惊人的速度正在全世界增加着的话,那么许多无痛楚的、而又不费时间的自杀方法也许会流行起来。然而,莫塞里教授在众多的自杀方法中,会不得不给予切腹以贵族的地位吧。教授主张说:“自杀在豁出以最痛苦的方法、或长时间的苦楚来实行时,一百例中就有九十九个可以把它归之于由于偏执狂、疯狂,或病态的兴奋的神经错乱行为。”[②]然而正规的切腹却不存在偏执狂、疯狂或兴

① 宫本武藏(1584—1645),江户初期的剑客。——译者

② Morselli:《自杀论》,第 314 页。——作者

奋的片鳞半爪，其实行成功却需要极度的冷静。斯特拉罕博士划分自杀为合理的或者疑似的，不合理的或者真正的两类[①]，切腹就是前一类型的最好的例子。

无论从这些血腥的制度来看，或者从武士道的一般倾向来看，可以容易推断，刀剑在社会的纪律和生活上占据了重要地位。有一句格言称刀是武士之魂。 110

① Strahan：《自杀与疯狂》。——作者

第十三章　刀——武士之魂

111 武士道把刀当作力量和勇敢的象征。当穆罕默德宣言“剑乃是天国与地狱的钥匙”时，他只不过是日本人的感情的反响。少年武士从幼小时候就开始学习使用刀。年满 5 岁时，就穿上全副武士服装，站立在棋盘上，通过腰间佩上真刀来代替此前所玩弄的玩具小刀，才首次被承认其武士资格，对他来说这是个重要的机会。在这个进入武门的最初仪式结束之后，他便不带这个表示其身份的象征就不出父亲的家门了。不过日常佩带的是以一把普通涂上银色的木刀作为代用，但过不了几年就丢掉假刀，而经常佩带虽然是钝刀，却是真刀了，而且以比新到手的刀还要锋利得多的喜悦走出门外，在树和石头上试验它的刀刃。当一达到 15 岁便成年了，到了允许行动自由的时候，就能够以拥有锐利得足以胜任任何工作的刀而自豪了。拥有这样的凶器，便赋予他以自尊的和负责的感情和态度。“佩刀并不是为了俏皮。”他佩带在腰带上的东西，也就是佩带在内心的东西——是忠义和名誉的象征。那大小两把
112 刀——大刀小刀，或者称为刀、“胁差”——决不离开他的身边，在家的时候，装饰书房、客厅中最显眼的地方，夜里则守护他的枕头，放在手轻易就伸到的地方。刀作为经常的伴侣受到珍爱，并起个固定的名字加以昵称，尊敬得几乎近于崇拜。史学之祖〔希罗多

德〕曾经记载了一则西徐亚人向铁制偃月刀献牺牲的奇闻，在日本，许多神社和许多家庭中，都珍藏着作为礼拜对象的刀。对于最常见的短刀也要给予适当的尊敬。对刀的侮辱被视为等于对刀的所有主的侮辱。一不注意跨过放在床铺上的刀的人，就会灾祸临头！

这样贵重的物品，就不可能长期逃过工艺家的注意和手艺，以及刀的所有人的虚荣心。在佩带刀的用场只是像主教的权杖、国王的权笏那样的升平时代尤其如此。刀柄缠上鲛皮、绢丝，护手镶嵌金银，刀鞘涂上各种颜色的漆，于是这个最可怕的武器便失去了其威胁力的一半。但是，这些装饰比起刀身来说，只是玩具罢了。

刀匠不仅是工匠，而且是赋有灵感的艺术家，他的作坊就是圣殿。每天他以斋戒沐浴来开始其工艺。或者所谓“他把其三魂七魄都投入钢铁锻冶之中。”抡捶、淬火、用磨石研磨，其一举一动都是严肃的宗教仪式的举动。我们的刀剑之所以带有阴森之气，那或许是刀匠的灵魂或者他的守护神的灵魂。作为艺术品它是完美的，使托莱多和大马士革的名剑[①]都瞠乎其后，而日本刀更是超出艺术所能赋与之上的东西。它那冰森森的刀身，一抽出便立即使
大气中的水蒸气凝聚在它的表面。它那洁净无瑕的纹理，放射青 113
色的光芒，在它那无与伦比的刀刃上悬挂着历史和未来，它的弯度把最卓越的美和最强大的力结合在一起——所有这一切，以力与美、畏敬与恐怖相掺混的感情刺激着我们。假如它仅仅是一件美丽和愉快的器具，那么用它将会是无害的！然而，它经常放在手一伸就够到的地方，因此对它的滥用就有极大的诱惑力。刀身从和

① Toledo 的剑和 Damascus 的钢，在欧洲是出名的。——译者

平的刀鞘中一闪而出的事是太频繁了。滥用的顶峰，有时竟用无辜者的头颅来试那新到手的刀。

不过，我们最关心的问题乃是——武士道允许不分青红皂白地使用刀吗？回答道，断然否定！武士道正像对刀的正当使用看得至大且重一样，认为滥用它是不对的，而且憎恶滥用。在不适当的场合挥刀的人，是懦夫，是吹牛大王。稳重笃实的人知道应当用剑的正确时刻，而这样的时刻却是极少碰到的。已故的胜海舟伯爵是一位历经我国历史上动乱最厉害时期之一的人，当时暗杀、自杀和其他血腥事件已成了家常便饭。他曾一时被委以近乎独裁的权力，多次成了暗杀的对象，但他却决不让血来玷污自己的刀。他曾以其独特的平民口气对一位友人叙述过某些回忆，其中有这样的话："我极其厌恶杀人，从未杀过一个人。全都放跑了，本应杀头
114 的人，也说声好了好了，置之不理。河上玄哉[①]教导我说：'你不太杀人，那怎么成。南瓜也好，茄子也好，你都摘下来吃吧。这种人就同南瓜、茄子一样。'他这个家伙可真厉害。可是河上却被杀死了。我之所以没有被杀，也许是因为我不杀无辜。刀也牢牢地系住，决不轻易拔出来。就是被人砍了，我也决心不去砍人。什么，那些家伙就当作是跳蚤和虱子好了。爬上肩膀，咬上几口，只是痒痒而已，不会危及性命。"〔《海舟座谈》〕这些是一个武士在艰难和胜利的熔炉中经过武士道考验的人的话。有句"失败就是胜利"的俚谚，它意味着真正的胜利在于不抵抗暴敌之中。"不流血而取胜

① 河上玄哉（1834—1871），幕府末期尊攘派志士，熊本藩武士。因参加叛乱被处死。——译者

才是最好的胜利。”另外还有些意思相同的谚语，这些都表明武士道的最终理想毕竟就是和平。

这个崇高的理想却专门让给僧侣和道德家们去宣讲，而武士则以武艺的练习及赞赏为宗旨，这是十分可惜的事。因此，他们竟使女性的理想也带上了勇妇性格的色彩。趁此良机，我们将腾出若干篇幅来谈谈妇女的教育及其地位的问题。

第十四章　妇女的教育及其地位

115 占人类一半的女性，往往被称为矛盾的典型。因为女性内心的直觉活动超出了男性的“算术的悟性”的理解力之上。意味着“神秘的”或“不可知的”汉字的“妙”字，就是由意味着“年青的”“少”字，和“女”字组成的。因为女性的肉体美和纤细的思想，就不是男性的粗犷的心理能力所能解释清楚的。

可是，在武士道的女性理想中却没有神秘之处，其矛盾也只是表面上的。我说过它是勇妇的，但这不过是真理的一半。表示妻子的汉字“妇”这个字，是意味着手持笤帚的女人——不过，这当然不是为了对她的配偶进行攻击，或为了防卫而挥舞它，也不是为了施妖术，而只是为了笤帚最初发明出来时的那个无害的用途——这样，它所包含的意思，是同英语的从纺织者（weaver）这个语原发展来的妻（wife）这个词，以及从挤牛奶者（duhitar）这个语原发展来的女儿（daughter）这个词一样，都是家庭性的。德国皇帝说妇女的活动范围是厨房（Küche）、教堂（Kirche）和孩子（Kinder）而武士道的女性理想虽未限于这三者，却非常有家庭性的。这个乍一看来似乎是矛盾的家庭性的与勇妇的性格，在武士道看来并非是
116 不可调和的，下面我们就来论证一下。

武士道本来是为男性而制定的教条，它所看重的妇女的德行，

当然是远远脱离女性的。温克尔曼[1]说："希腊艺术的最高的美，与其说是女性的，毋宁说是男性的。"莱基对此加上一句说，这一点，从希腊人的道德观念方面来看，也如同在艺术方面一样，是千真万确的。同样，武士道所最赞赏的妇女乃是"从性的脆弱性中解放了自己，发挥出足以同最刚强而且最勇敢的男子相媲美的刚毅不屈"。[2] 因此，少女受到抑制其感情、强化其神经、遇到意外事变时，用武器——特别是使用长柄刀来维护自身尊严的训练。不过，练习这种武艺的主要动机并不是为了在战场上使用，而是出于为了自身和家庭这两个动机。女子并没有自己的主君，而是维护自己的身体。女子用这个武器来维护自己身体的圣洁，其热忱有如丈夫维护其主君的身体一样。她的武艺在家庭上的用途，有如下面所说，在于孩子的教育。

女子的剑术及其他武艺，即使付之实用是很少的，却在健康上对习惯跪坐的妇女具有辅助效用。然而这些武艺并非只是出于健康的目的而进行练习的，在有事的时候是能够实际上使用的。女孩子一达到成年，便授给她短刀（怀剑），用它来刺进袭击自己的人的胸膛，或者根据情况得以刺进自己的胸膛。后者的情况实际上
是经常发生的。但是，我并不想严酷地批评她们。如果看到即使 117
厌恶自杀的基督徒的良心，也因为佩拉基娅[3]和多明尼娜这两个

---

[1] 温克尔曼（1717—1768），德国考古学家，美术史家。著有《古代美术史》。——译者

[2] 莱基：《欧洲的道德史》，第2卷，第383页。——作者

[3] 基督教的殉教者。4世纪初，罗马皇帝迫害基督教，年仅15岁的佩拉基娅为保持其贞洁自房顶跳下自杀。——译者

自杀的妇女的纯洁和虔诚而将她们列为圣徒的话，那么对她们就不会苛责了吧。当日本的维吉尼亚[1]看到自己的贞操濒临危险时，她并不等待她父亲的剑，她自己的武器已经常放在怀里。不知道自戕的做法乃是她的耻辱。比如说，她虽然并没有学过解剖学，但却必须知道哪里是刺咽喉的正确部位。死的痛苦如何剧烈，为了死时肢体的姿势不致走样，表现最大的谨慎，必须知道用带子缚好自己的膝盖。这样地注意仪容，难道不应与基督徒珀佩图亚，或者圣童贞女科妮莉亚[2]相媲美吗？我之所以提出这样直率的质问是有原因的。因为看到了一些人根据洗澡的习惯及其他一些琐事而抱有误解，说我国国民之间不知道贞操观念。[3] 完全相反。贞操是武士妇女的主要的德行，把它看得比生命还重。一个妙龄的妇女被敌人俘虏了，在粗暴的军人手中面临暴行的危险时，她请求如果允许她先给因战争而失散的姐妹们写几行字的话，她将顺从
92 他们为所欲为。她写完信之后便走向附近的水井，纵身跳下挽救了她的名誉。遗书的开头是一首诗：

世路艰难，乌云漫天，
山巅之月，胡不入山！

① 传说古罗马的政治家阿彼乌斯·克劳狄乌斯(前5世纪人，十二铜表立法者十人团成员之一)想霸占美丽的少女维吉尼亚，指使他的随从声称维吉尼亚是他的家婢。他不听少女的父亲维吉尼乌斯的请求，维吉尼乌斯便当着他和民众的面前，刺杀了女儿，维护了她的贞操。据信此事后来成为群众推翻十人团专制统治的原因。——译者

② 珀佩图亚：生于非洲的基督徒妇女。因受迫害被捕，在罗马被命与猛兽搏斗而殉教；科妮莉亚，进入罗马女神维斯塔宫殿作奉献的6名童贞女之一。

③ 对裸体和入浴的通情达理的解释，参看芬克(Finck)的《日本的莲花季》，第286—297页。——作者

给读者留下唯有男人的大事是我国女性的最高理想的观念，并不公平。远不是这样！她们需要艺术和雅致的生活。她们没有忽视音乐、舞蹈和文学。我国文学上若干最优美的诗歌就是女性的感情表现。事实上，妇女在日本的纯文学史上起到了重要作用。教给她们舞蹈(我说的是武士的女儿而不是艺妓)，是为了使生硬动作变得轻柔起来。音乐是为了在她们的父亲或丈夫郁闷时，用来慰藉他们。因此，学习音乐并不是为了技巧，即为艺术本身。它的最终目的是净化心灵，有道是心地不平静，音调自然不谐和。我们在前面谈到青年的教育时，曾说艺术对于道德价值经常处于从属地位，对于女子也有同样的想法。音乐、舞蹈只是用来增加生活的雅致和明快就足够了，绝不是为了培养虚荣、奢侈的风习。波斯王在伦敦被领到一个舞会上，当请他参加跳舞时，他率直生硬地回答说，在他们国家里，干这行工作的，是特别准备有一群女子表演给人看，我同情这位国王。

我国妇女的技艺，并不是为了表演给人看、或扬名社会而学习的。它是家庭的娱乐。即使在社交的宴席上表演这种技艺，那也是作为主妇的任务，换句话说，是作为家人款待客人方法的一部分罢了。她们受教育的指导思想是家务。旧日本妇女学习技艺的目的，不论是武艺还是文艺，可以说主要就是为了家庭。她们无论离得多么远，决不会忘记炉灶。她们为了保持家庭的名誉和体面，而辛勤劳动，捐弃生命。她们日日夜夜以刚强而又温柔、勇敢而又哀婉的音调，歌唱自己的小家庭。她们作为女儿为了父亲，作为妻子为了丈夫，作为母亲为了儿女而牺牲自己。这样，从幼年时起，她们就被教导要否定自己。她的一生并不是独立的一生，而是从属 119

的奉献的一生。作为男子的助手，她的存在有用的话，就同丈夫一道站在前台，如果妨碍丈夫工作的话，就退到幕后。一个青年爱上了一个少女，少女也以同样的热恋来回报他的爱，但看到青年迷恋了她以致忘记了自己的责任时，少女为了减损自己的魅力而毁伤自己的美貌，像这样的事并不稀罕。武士的女儿们所向往的理想的妻子——吾妻，发现自己被丈夫的仇敌爱慕上了，她便伪装参与其罪恶计划，趁着黑暗充当丈夫的替身，用自己贞洁的头颅来接受那爱慕她的刺客的剑。一位年青的大名〔木村重成[1]〕的妻子在自杀前写下了如下的信，大概不需要什么注释吧：

“我听说共栖一树之荫，共饮一河之水，都是前生的缘分，自从前年结下偕老之盟，我便想如影随形地追随左右。近来听说你要最后决一死战，我暗中喜不自胜。听说中国有个项
120 王，是盖世的勇猛武士，却因虞姬而依依不舍，木曾义仲[2]与松殿诀别时也难分难舍，因此，就让活着已经绝望的我至少向现在还活着的您致以最后的问候吧，我在黄泉路上等候您。但愿您千万别忘了秀赖公[3]多年来的山高、海深的鸿恩。”

女子为其夫、家庭以及家族而舍弃自身，有如男子为主君和国家而舍弃自身一样，是欢欣地而且堂堂正正地去死的。自我否

① 木村重成（？—1615），安土桃山时代的武将。——译者

② 木曾义仲（1154—1184），即源义仲，平安末期的武将。——译者

③ 丰臣秀赖（1593—1615），安土桃山时代的武将，丰臣秀吉的次子，木村重成的主君。——译者

定——没有它，什么样的人生之谜也无法解决——和男子的忠义一样，是女子的家庭性的基础。女子并不是男子的奴隶，正如她的丈夫并不是封建君主的奴隶一样。女子所起的作用是内助，即“在内侧的帮助”。站在逐级奉献的阶梯上，女子为了男人而舍弃自己，男子由此得以为主君而舍弃自己，主君也由此而顺从天命。我知道这个教诲的缺点，也知道基督教的优点最好地表现在要求所有活着的人们各自直接向造物主负责甚至牺牲自己的个性而服务于高出于自己的目的这一点上。尽管如此，仅就奉献的教义而言——甚至牺牲自己的个性而服务于高出于自己的目的，也就是基督的教导中最大的、构成他的使命的神圣基础的奉献的教义——仅就这一点而言，武士道是基于永恒真理之上的。

读者大概不会责备我是个抱有在意志上赞扬奴隶般的服从的、不正当的偏见的人吧。我大体上接受学识渊博、思想深邃的黑格尔所主张和辩护的、历史乃是自由的展开和实现的见解。我想 121
要说明的是，武士道的全部教诲是用自我牺牲精神完全浸润起来的，不仅对女子是这样要求，对男子也是这样要求。因此，直到武士道的熏陶完全消失之前，那位美国提倡女权者所呼吁的“所有日本女子都将起来背叛旧习惯”的轻率见解，我国社会大概是不会接受的。这样的背叛能够成功吗？它能改善女性的地位吗？通过这样的轻举妄动她们所获得的权利，能够补偿她们今天所继承的柔和的性格、温存的举止的损失吗？罗马的主妇由于丧失了家庭性而导致道德的沦丧，不是用言语难以表达吗？那位美国改革家能够肯定我国女子的背叛果真是历史发展的必由之路吗？这些都是重大的问题。变化必须不待背叛而来，并且是会来的。现在暂且

要来看看，在武士道制度下的女性的地位果真是否实际上恶劣到应该肯定背叛哪种程度呢?

关于欧洲骑士献给“上帝和淑女”许多表面上的尊敬，我们听到了许多。——这两个词的不协调曾使得吉本为之脸红。此外，哈勒姆论述过，骑士道的道德是粗野的，它对妇女的殷勤包含着邪恶的爱。骑士道带给女性的影响，给哲学家提供了思维的食粮。与基佐先生所论证的封建制度及骑士道给予了健康的影响相反，斯宾塞先生则说在军事社会中(而封建社会不是军事的又会是什么呢?)妇女的地位必然是低下的，它只有伴随着社会的产业化才
122 能得到改善。那么，就日本而言，基佐先生的说法和斯宾塞先生的说法，哪一个正确呢? 我可以肯定地回答说，两者都正确。日本的军人阶层只限于人数约200万人的武士。其上就是军事贵族的大名和宫廷贵族的公卿——这些身份高贵、安闲舒适的贵族们，只不过是名义上的武人而已。在武士之下则是平民大众——农、工、商，这些人的生活是专门从事和平业务。因此，赫伯特·斯宾塞作为军事型社会的特点而指出的，仅仅限于武士阶级，与此相反，产业型社会的特点则可以适用于武士阶级之上和之下的阶级。这件事可以通过妇女的地位而得到很好的解释。就是说，在武士中间，妇女所享有的自由最少。奇怪的是，社会阶级越低下——例如在手艺人中间——夫妇的地位则是平等的。在身份高的贵族中间，两性之间的差别也不显著。这主要是因为有闲的贵族已经名副其实地女性化了，所以突出性别上差别的机会也就少了的缘故。这样，斯宾塞的说法在旧日本就有了充分的例证。至于基佐的说法，读过他的封建社会观的读者大概会记得，他是特别以身份高的贵

族为考察对象的。因此，他的议论可以适用于大名及公卿。

如果我的话使人们就武士道下的妇女地位抱有很低的评价的话，那我就对历史真理犯下了极大的不公正。我毫不犹豫地论述 123
女子并未受到与男子同等的待遇。但是，只要我们还没有学会差别与不平等的区别之前，关于这个问题会经常免不了误解的。

如果想到男子之间的相互平等只不过是在法庭，或者是在选举投票等极少数情况时的话，那么，用有关男女之间的平等的辩论来烦扰我们自己，看来是徒劳的。在美国的《独立宣言》中，说一切人都是生而平等，这并不是指任何精神的或肉体的能力。它只不过重复了古代阿尔平①说过的在法律面前人人平等罢了。在这种场合，法律的权利就是平等的尺度。如果说法律是测量妇女在社会上地位的唯一天平的话，那么告诉其地位的高下，就如同用磅、盎司来告诉她的体重一样容易了。然而，问题就在这里——什么是衡量男女之间相对的社会地位的正确标准呢？当把女子的地位同男子的地位相比较时，就像把银子的价值同金子的价值相比较那样，用数字算出它的比率来，是正确的吗？这样就足够了吗？这样的计算方法是把人类所具有的最重要的价值，即内在价值，放到考察之外了。如果考虑到男女各自为了完成其在世上的使命所必需的资格是各种各样的话，那么用来测量两者的相对地位的尺度就必须是复合性的东西。即，如果借用一下经济学的术语的话，必须是复本位的。武士道就有它自己的本位。那是双本位。即女子的价值要通过战场及炉灶来测量。在前者女子所得的评价是极轻

① 阿尔平(170？—228)，古罗马法学家。——译者

124 微的,但在后者却是完善的。给予女子的待遇适应了这个双重评价——作为社会的、政治的单位,对她们的评价并不高,但作为妻子和母亲则受到了最高的尊敬与最深的爱戴。在像罗马人那样的军事性国民中间,妇女凭什么受到了高度的尊敬呢?这难道不是因为她们是 Matronae 即母亲吗?不是作为战士或立法者,而是作为母亲,使罗马人在妇女面前低下了头。就我国国民来说也是这样。当父亲和丈夫走上战场不在家的时候,操持家务就完全委托给母亲或妻子了。孩子的教育,连对他们的保护,都托付给她们了。我在前面所说的妇女的武艺等,也主要是为了能够贤明地指导子女的教育。

在一知半解的外国人中间,看到日本人通常称自己的妻子为"荆妻"等等,便流行着日本人轻视、不尊重妻子的肤浅见解。如果告诉他还有"愚父"、"犬子"、"拙者"等等日常使用的词语,于是回答不就十分清楚了吗?

我认为,我国国民的婚姻观在某些方面要比所谓基督教徒更深一层。"男女应合为一体。"盎格鲁—撒克逊的个人主义从未摆脱夫与妻是两个人格的观念。所以,他们在失和时,就承认各自有各自的权利,而在和好时,则用尽了各种各样无聊的相爱的昵称和毫无意义的阿谀的言词。夫或妻对别人说他的另一半——好一些的一半或坏一些的一半姑且不论——是可爱啦、聪明啦、亲切啦、
125 这个那个啦,在我国国民听来极不近情理。把自己本身说成"聪明的我"啦,"我的可爱的性格"啦等等,是善良的趣味吗?我们认为夸奖自己的妻子就是夸奖自己本身的某一部分,而在我国国民中间,认为自我赞赏至少是一种坏的趣味——而且我也希望,在基督

教国民中间也应该这样！因为合乎礼貌地贬称自己的配偶，在武士中间是通行的习惯，所以我才离开正题来论述一番。

条顿种族是以对女性的迷信般的敬畏而开始其种族生活的（这点在德国实际上正在消灭中！），而美国人则是在痛感妇女人口不足的情况下开始其社会生活的[①]（我担心，美国的妇女人口现在增加了，殖民时代的母性所享有的特权是否在迅速丧失呢?）。因此，在西方文明中，男子对女子表示尊敬，就成了道德的主要标准。然而，在武士道的武士伦理中，区分善恶的主要分水岭是在其他方面探求的。它存在于沿着人同自己神圣的灵魂相联结的义务线上，然后（我在本书开始部分所论述过的）在五伦中与别人的灵魂相联结的义务线上。在这五伦中，我说过了忠义，即臣下与主君的关系。关于其他方面，只不过是偶尔附带说了一下，因为这些并不是武士道所特有的东西。它们作为基于自然的爱情的东西，当然是全人类所共同的。但是在两三个特殊地方，由于是从武士道的教导中导出的关系，因而有的可能强调了一下。与此相关联，我想
起了男了相互间的友谊的特殊的力与美。它们常常给结拜为兄弟 126
的盟约增加罗曼蒂克的爱慕之情，而这种爱慕之情，由于青年时代的男女隔绝的习惯，毫无疑问地得到了增强。因为这种隔绝，堵塞了像在西方的骑士道、或盎格鲁—撒克逊各国的自由交际中那种爱情的自然流露的通道。用日本版的第蒙与皮西厄斯[②]或阿基里

① 我说的是从英国输入少女，并以多少磅烟草作交换来结婚的时代。——作者

② 第蒙的好友皮西厄斯获罪，被僭主狄奥尼修斯宣判死刑，他请求准许在行刑之前回乡处理家事。在此期间第蒙主动作为皮西厄斯的替身关在监狱里，皮西厄斯果然在规定的日期回来受刑。据传，狄奥尼修斯为这两个青年的友情和信实所感动，因而赦免其罪。

斯与帕特洛克罗斯[①]的故事来填塞篇幅并不困难。或者，也可以在武士道的故事中来叙述不亚于大卫与约纳丹[②]结交那样深厚的友谊。

然而，武士道所特有的道德与教诲，并不仅仅限于武士阶级，这是毫不足怪的。这个事实就使我们要赶紧考察一下武士道对整个国民的熏陶。

① 阿基里斯是古希腊特洛亚战争中的英雄，后因与阿伽门农发生争执而退出战争。后其好友帕特洛克罗斯穿戴上他的武器甲胄代替他参战，打退了特洛亚军，却被赫克托耳所杀。阿基里斯闻讯赶回，在与赫克托耳交战中杀死了对手为好友报了仇。阿基里斯重友情，始终不渝的精神受到人们的称赞。

② 大卫在侍奉以色列王萨维尔时，与其子约纳丹结为莫逆之交，后听到约纳丹在与贝里斯蒂人作战中被杀后，曾作了《弓之歌》来吊唁。

第十五章　武士道的熏陶

武士道的美德远远高出我国国民生活的一般水平之上，我们 127
只不过考察了这个山脉中几个更为崭露头角的显著的山峰罢了。正如太阳升起时，先染红最高峰的山巅，然后逐渐地将它的光芒投到下面的山谷一样，先照耀着武士阶级的伦理体系，经过一段时间才从人民大众当中吸引了追随者。民主主义树起天生的王者作为其领袖，贵族主义则把王者的精神注入民众中去。美德的感染力并不亚于罪恶的传染性。爱默生说："同伴之中有一个贤人就行，果尔所有的人便都变成贤良。感染力就这样迅速"。任何社会阶级都无法抗拒道德感染的传播力。

尽管如何喋喋不休地夸耀盎格鲁—撒克逊的自由的胜利进军都无妨，但是，它从大众方面受到的刺激却是罕见的。毋宁说它是乡绅和绅士的事业，不是吗？丹纳说："海峡那边所使用的这个三音节的词〔gentleman，绅士〕，概括了英国社会的历史。"的确是这样。民主主义对像这样的词会充满自信地加以反驳，并会反问道——"在亚当耕地，夏娃织布的时代，哪里有绅士呢？"伊甸园里
没有绅士，完全是可悲的事。人类的始祖因为他不在而深感苦恼， 128
对此付出了高昂的代价。假如他在那里，乐园不仅会增加更多的风趣，而且始祖也不会经受痛苦，而懂得不服从耶和华，就是不忠

实、不名誉、是谋反和叛逆吧。

过去的日本乃是武士之所赐。他们不仅是国民之花，而且还是其根，所有上天美好的惠赐，都是经过他们而流传下来的。他们摆出一副社会地位超出于民众之上的姿态，但却为人们树立了道义的标准，并用自己的榜样来加以指导。我承认武士道中有对内的和对外的教诲。后者是谋求社会的安宁和幸福的福利性的，前者则是强调为德行而积德的纯粹道德性的。

在欧洲的骑士道最盛行的时期，骑士也只不过占人口的一小部分。然而正如爱默生所说：“在英国文学中，从菲利普·西德尼爵士一直到华尔特·司各脱爵士，戏剧的一半和小说的全部都是描写这个人物（绅士）的。”如果把西德尼和司各脱换成近松和马琴[1]的名字的话，那么日本文学史的主要特点，便可一言以蔽之了。

民众娱乐和民众教育的无数的渠道——戏剧、曲艺场、说评书、净瑠璃[2]、小说——其主题都采自武士的故事。农夫围着茅屋中的炉火，毫不疲倦地反复说着源义经及其忠臣辨庆，或者勇敢的曾我兄弟的故事，那些黝黑色的小淘气包张着嘴巴津津有味地倾听，最后一根柴薪已经烧完，余烬也熄灭了，而由于方才听到的故
129 事，内心却还在燃烧。商店的掌柜的和伙计们做完一天的工作，关上商店的雨窗[3]，便坐在一起讲说织田信长和丰臣秀吉的故事，直到深夜，睡魔终于侵袭了他们的倦眼，把他们从柜台的辛苦转移到

① 近松指近松门左卫门（1653—1724），马琴指泷泽马琴（1767—1848），皆日本作家。——译者

② 净瑠璃，一种三弦伴奏的说唱曲艺。——译者

③ 雨窗是日本房屋窗外的木板套窗，用以防雨。——作者

战场上的功名上。连刚刚开始学走路的幼儿也学会用其笨拙的舌头来讲桃太郎征讨鬼岛的冒险故事。就连女孩们内心也深深爱慕武士的武勇和德行，像德斯德蒙纳[1]一样，如饥似渴地喜欢听武士的故事。

武士已成为全民族的崇高的理想。民谣这样唱道："花是樱花，人是武士。"武士阶级被禁止从事商业，所以并不直接有助于商业。然而不论任何人世活动的途径，不论任何思想的方法，在某种程度上没有不受到武士道的刺激的。知识的以及道德的日本，直接间接地都是武士道的产物。

马罗克先生在他的非常富于启发性的著作《贵族主义与进化》中，雄辩地论述道："社会的进化，就其不同于生物进化而言，可以下定义为经由伟人的意志而产生的无意识的结果。"又说，历史上的进步，"并不是靠普通社会上的生存竞争，而是由社会上少数人当中的领导、指挥、动员大众的最好方法的竞争而产生的。"对先生的议论是否确切的批评暂且不谈，以上这些话已被武士在日本帝国以往的社会进步上所起到的作用充分证明了。

武士道精神是怎样渗透到所有社会阶级的呢，这从以侠客闻名的特定阶级的人物、民主主义的天生的领袖的发展上也可以了解。他们是刚强的男子汉，从头顶到脚尖都充满着豪迈的男子汉的力量。作为平民权利的代言人和保护者，他们各自都拥有成百 130
上千的喽啰，这些喽啰以武士对待大名的同样方式，心甘情愿地献出"肢体与生命、身体、财产以及世上的名誉"，为他们服务。这些

[1] 莎士比亚《奥瑟罗》中人物。——译者

背后有过激而急躁的市井之徒的大众支持的天生的首领，对两把刀阶级[①]的专横构成了可怕的阻遏力量。

武士道从它最初产生的社会阶级经由多种途径流传开来，在大众中间起到了酵母的作用，向全体人民提供了道德标准。武士道最初是作为优秀分子的光荣而起步的，随着时间的推移，成了国民全体的景仰和灵感。虽然平民未能达到武士的道德高度，但是，“大和魂”终于发展成为岛国帝国的民族精神的表现。如果说宗教这个东西，像马修·阿诺尔德[②]所下的定义那样，不过是“凭情绪而受感动的道德”的话，那么，胜过武士道的、有资格加入宗教行列的伦理体系就很少了。本居宣长在吟咏

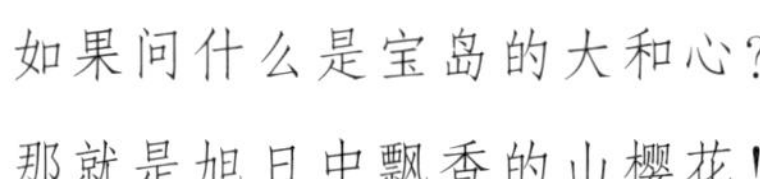

如果问什么是宝岛的大和心？
那就是旭日中飘香的山樱花！

的诗句时，他表达了我国国民未说出的心里话。

的确，樱花自古以来就是我国国民所喜爱的花，是我国国民性
131 的象征。尤其请注意诗人所吟咏的“旭日中飘香的山樱花”一句。

大和魂并不是柔弱的人工培养的植物，而是意味着自然的野生物。它是我国土地上所固有的。也许它的偶然的属性是与其他国土的花相同的，但它的本质则完全是在我国风土上所固有的自发产生的。然而樱花是国产的这一点，并不是要求我们喜爱它的

---

① 两把刀阶级，即武士阶级。——译者

② Matthew Arnold(1822—1888)，英国诗人、评论家。——译者

唯一理由。它以其高雅绚丽的美诉诸我国国民的美感，这是其他任何花所不及的。我们不能分享欧洲人对蔷薇的赞美。蔷薇缺乏樱花的单纯。再者，蔷薇在甜美之下隐藏着刺，它对生命的执着是顽强的，与其倏忽散落，它宁肯枯在枝上，似乎嫌恶和害怕死亡似的，它的华丽的色彩、浓郁的香味——所有这些都是和樱花显然不同的特性。我国的樱花，在它的美丽下面并不潜藏着刀刃和毒素，任凭自然的召唤，随时捐弃生命，它的颜色并不华丽，它的香味清淡，并不醉人。一般说来，色彩和形态的美只限于外表，它的存在是固定不变的。反之，香味则是浮动的，有如生命的气息一样升上天空。因此，在一切宗教仪式上，香和没药起着重要作用。在香里面有着某种属于灵魂的东西。太阳从东方一升起首先照亮了远东的岛屿，樱花的芳香洋溢在清晨的空气中时，再也没有比吸入这美好日子的气息更为清新爽快的感觉了。

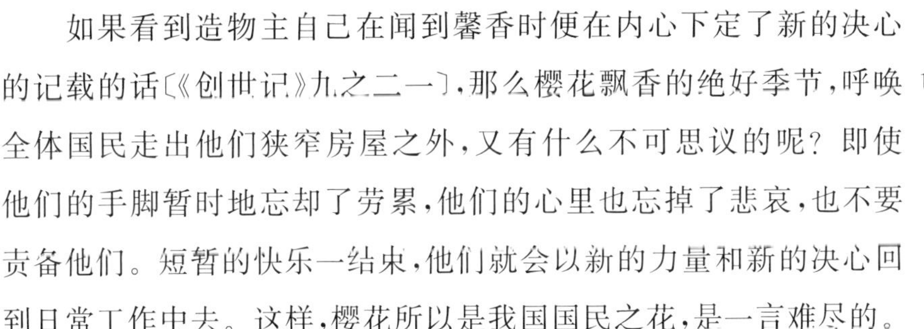

如果看到造物主自己在闻到馨香时便在内心下定了新的决心的记载的话〔《创世记》九之二一〕，那么樱花飘香的绝好季节，呼唤 132
全体国民走出他们狭窄房屋之外，又有什么不可思议的呢？即使他们的手脚暂时地忘却了劳累，他们的心里也忘掉了悲哀，也不要责备他们。短暂的快乐一结束，他们就会以新的力量和新的决心回到日常工作中去。这样，樱花所以是我国国民之花，是一言难尽的。

那么，这样美丽而易散落、随风飘去、放出一阵芳香便永久消逝的这种花，就是大和魂的典型吗？日本的魂就这样脆弱而易消逝吗？

第十六章　武士道还活着吗？

133 在我国，正在迅速推进的西方文明是否已经抹掉了自古以来训练的一切痕迹呢？

一个国家的国民之魂如果会像这样迅速死亡的话，那是可悲的。这样轻易地屈服于外来影响的，乃是贫弱之魂。

构成国民性的心理因素的合成体，有其坚固性，就像“鱼的鳍，鸟的喙，食肉动物的牙齿等等，与其种属不可分离的要素”那样。勒蓬先生在他那充满了肤浅的断言和华丽的概括的近著[①]中说：“基于知识的发现是人类共有的遗产，而性格上的长处和短处，则是各国国民专有的遗产。它坚如岩石，历经几个世纪的日日夜夜，水对它的冲刷，也只不过磨去它的外侧的棱角罢了。”这是很激烈的语言。然而，如果说各民族具有**构成其专有的遗产**的性格上的长处和短处的话，那是颇为值得深思的话。不过，这种公式的学说，早在勒蓬开始写他的这本著作的很久以前，便已被提了出来，而且早已为西奥多·魏茨和休·默里所粉碎了。当研究武士道所浸润的各种德行的时候，我们曾从欧洲的典籍中引用了一些来作
134 比较和例证，可以看到没有哪一个特性能够称得起是武士道的**专**

① 勒蓬(Le Bon)：《民族心理学》，第33页。——作者

有的遗产。道德的诸特性的合成体,呈现出一个完全特殊的形象,这是千真万确的。这个合成体被爱默生名之为“所有伟大的力作为分子参加进来的复合的结果”。但是康科德[①]的这位哲学家并不像勒蓬那样,把它作为一个民族或国民的专有的遗产,却称之为“结合各国的最强有力的人物,使他们相互理解和取得一致的要素。它明白无误到这种程度,某个人不使用互济会的暗号,便马上能够感觉出来”。

武士道所刻印在我国国民特别是武士身上的性格,虽然不能说构成“种属的不可分离的要素”,但他们从此保有其活力,是毫无疑问的。纵使武士道仅仅是物理的力,它在过去700年间所获得的运动能量也不可能这样猝然停止的。即使说它仅仅是通过遗传而传播,它的影响肯定也达到广大的范围。试想想,如果根据法国经济学家谢松先生的计算,假定一个世纪有三代人,那么“每个人在其血管中至少也有生活于公元1000年时的2000万人的血液”。“弯着那背负世纪的重荷的腰”,耕种土地的贫农,其血管中有着好几个时代的血液,这样,他正像:和“牛”是兄弟一样,和我们也是兄弟。

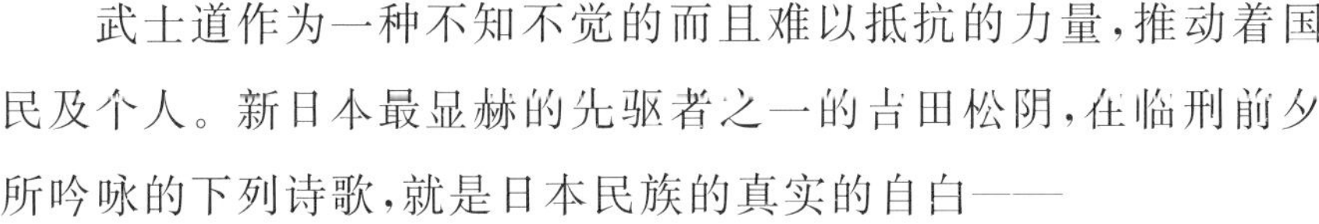

武士道作为一种不知不觉的而且难以抵抗的力量,推动着国民及个人。新日本最显赫的先驱者之一的吉田松阴,在临刑前夕所吟咏的下列诗歌,就是日本民族的真实的自白——

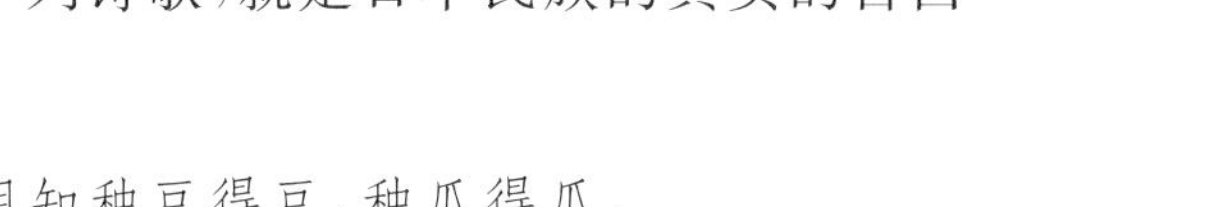

明知种豆得豆,种瓜得瓜,
却不得不奉献呵,大和魂!

① 爱默生后来定居于美国马萨诸塞州的康科德。——译者

虽不具备形式，但武士道过去是，现在也是我国的生气勃勃的精神和原动力。

兰塞姆先生说：“今天并排存在着3个各不相同的日本——旧日本还没有完全死亡，新日本只不过刚在精神上诞生，而过渡的日本现在正经历着其最危急的苦闷。”这些话，在许多方面，特别是在关于有形的具体的各种制度上，是颇为适合的，但是把它应用到根本的伦理观念上时，则需要作若干修正。因为旧日本的建设者而且是其产物的武士道，现在仍然是过渡的日本的指导原则，而且必将实际证明它还是形成新时代的力量。

在王政复古的风暴和国民维新的旋风中掌握着我国船舵的大政治家们，就是除了武士道之外不知还有什么道德教诲的人们。近来有两三位作者[1]试图证明基督教的传教士对于新日本的建设作出了占有显著比重的贡献。我虽然乐于将荣誉给予应获得荣誉的人，然而上述荣誉却很难授予善良的传教士们。比起提出没有
136 任何确凿证据的要求来，互相信守应将荣誉归于他人的《圣经》的诫条，大概会对他们的职务更合适一些。作为我个人来说，相信基督教的传教士为了日本，在教育特别是在道德教育领域，正在从事伟大的事业——但是，圣灵的活动虽属确实，却是神秘的，仍然隐藏于神圣的秘密之中。传教士等的事业仍然只不过有间接的效用。不，迄今为止，几乎还看不到基督教的传教在新日本的性格形成上所做出的贡献。不，不拘是好是坏，推动我们的是纯而又纯的

① 斯皮尔(Speer)：《在亚洲的传道与政治》，第4讲，第180—190页；丹尼斯(Dennis)：《基督教传教与社会进化》，第1卷，第32页，第2卷，第70页，等等。——作者

武士道。翻开现代日本的建设者佐久间象山、西乡隆盛、大久保利通、木户孝允的传记，还有伊藤博文、大隈重信、板垣退助等还活着的人物的回忆录来看一看——那么，大概就会知道他们的思想以及行动都是在武士道的刺激下进行的。观察和研究过远东的亨利·诺曼先生宣称：日本同其他东方专制国家唯一不同之处在于，“从来人类所研究出来的名誉信条中最严格的、最高级的、最正确的东西，在其国民中间具有支配的力量”，这是触及到了建设新日本的今天、并且实现其将来的命运的原动力的话。

日本的变化乃是全世界所周知的事实。在这样的大规模的事业中，自然会有各种各样的动力参加进来，但是如果要举出最主要的东西的话，大概任何人都会毫不踌躇地举出武士道来。当全国开放对外贸易时，当把最新的改良推行到生活的各个方面时，以及当开始学习西方的政治及科学时，指导我们的原动力并不是物质资源的开发和财富的增加。更不是对西方习惯的盲目的模仿。

对东方的制度及人民作过精心观察的汤森先生写道：“我们经 137
常听说欧洲如何影响了日本，却忘记了这个岛国的变化完全是它自身发生的。并不是欧洲人教导了日本，而是日本自己发起从欧洲学习文武的组织方法，从而获得了今天的成功。正如几年前土耳其输入了欧洲的大炮一样，日本输入了欧洲的机械、科学。正确地说，这不是影响，只要不能说英国从中国购买茶叶是受到了影响一样。”先生又问道：“曾经改造了日本的欧洲的使徒、哲学家、政治家或宣传家在哪里呢？”①

① 汤森（Meredith Townsend）：《亚洲与欧洲》，1900年纽约版，第28页。——作者

汤森先生认识到产生了日本变化的原动力，完全存在于我国国民本身之中，这的确是卓见。而如果先生更进而深入观察日本人的心理的话，那么先生的敏锐的观察力必然会很容易地确认这个源泉正是武士道。不能容忍被蔑视为劣等国家的这种名誉感——这就是最强大的动机。殖产兴业的考虑则是在改革过程中稍后才觉悟到的。

武士道的熏陶，今天仍然存在，即便走马观花也能一目了然。如果看一眼日本人的生活的话，自然就明白了。请读一下那位对日本人的心理最有说服力而且最忠实的解释者赫恩（小泉八云）的书，便会知道他所描写的内心活动，就是武士道的活动的一例。各

138 处的人民都重视礼节，就是武士道的遗产，这是无须赘述的众所周知的事实。“矮小的日本人”全身充满了耐力、不折不挠和勇气，在甲午中日战争中已得到充分的证明。[①] “还有超过它的忠君爱国的国民吗？”这是许多人提出的质问。对此，我们能自豪地回答道：“举世无比！”这乃是武士道所赐。

另一方面，对于我国国民的缺点、短处，也要公允地承认武士道有着很大的责任。我国国民所以缺乏深邃的哲学的原因——尽管我国某些青年在科学研究上已经获得了世界的声誉，但在哲学领域则尚未做出什么贡献——应溯之于武士道的教育制度下，忽视了形而上学的训练。对于我国国民的过于重感情、遇事易于激动的性格，我们的名誉感有责任。再者，如果说我国国民有如外国

① 论述这个问题的著述中，特别请参阅伊斯特莱克（Eastlake）与山田合著的《英雄的日本》，以及戴奥斯（Diosy）的《新远东》。——作者

人经常批评的那种妄自尊大的话,那也是名誉心的病态的结果。

外国客人在日本漫游的时候,大概见到过许多蓬头蔽衣,手持大手杖或书本,以与世无涉的态度,在大道上昂首阔步的青年吧?这就是"书生"(学生),对他们来说,地球太小了,诸天也不高。他对宇宙和人生有他独特的见解。他住在空中楼阁中,咀嚼着幽玄的智慧的语言。他的眼睛闪耀着功名之火,他的内心对知识如饥似渴。贫穷只不过是促使他前进的激励,在他看来,世上的财宝是对他品格的桎梏。他是忠君爱国的宝库,以国民名誉的保卫者自居。列出他所有的美德及缺点,他就是武士道的最后的孑遗。

武士道的熏陶虽然今天仍然是根深蒂固的,但正如我已说过的那样,它是不知不觉的而且是沉默的熏陶。国民的心对其自身所继承的观念一旦提出号召的话,虽然不知为什么,却表示响应。因此,同样一个道德观念,在用新的翻译名词来表达时,和在用旧的武士道的用语来表达时,其效力有着莫大的差异。一个背离了信仰之路的基督徒,牧师怎么忠告也不能从堕落倾向中把他挽救出来,但用他曾一度向主宣誓过的诚实即忠义的观念一打动他,便幡然复归于信仰。"忠义"这个词,使任其降温的一切高尚的感情复燃过来。在某所学校里,以对一个教授不满为由,一群蛮横的青年长期继续罢课,却因校长提出的两个简单质问便解散了。质问是:"诸君的教授是个有价值的人吗?如果是的话,诸君就应该尊敬他,并把他留在学校。他是个懦弱的人吗?如果是的话,去推一个要倒的人,就不像个男子汉。"骚动是由于这位教授学力不足开始的,而比起校长所暗示的道德性问题来,就成了无关紧要的小问题了。由于这样唤起由武士道所涵养的感情,伟大的道德革新便

得以完成。

在我国，基督教的传教事业之所以失败的原因之一，就在于大多数传教士对于我国历史全然无知。有人说：“有必要去关心异教徒的记载吗？”——其结果是使他们的宗教与我们以及我们祖先过
140 去长达几个世纪继承下来的思想习惯割裂开了。嘲弄一国国民的历史吗？——他们根本不知道，任何民族的经历，甚至是没有任何记录的最落后的非洲土著的经历，也都是经上帝自己的手所写的、人类的共同历史的一页。就连那些已经灭亡了的种族，也是应由独具慧眼之士去辨读的古代文献。对有哲学头脑而且是虔诚的心灵来说，各个人种都是上帝写下的符号，或黑或白，就如同他们的肤色一样，可以清楚地探寻其踪迹。如果这个比喻是恰当的话，那么黄色人种就是用金色的象形文字写下的珍贵的一页！传教士们无视一国国民的过去经历，主张基督教是一个新的宗教。但是，照我看来，基督教乃是“古而又古的故事”，如果用易于理解的语言来介绍的话，也就是说如果用一国国民在其道德的发展历程上所熟知的词汇来表达的话，那么不管其人种或民族如何，都会很容易地印在他们的心上。美国式的或英国式的基督教——比起耶稣基督的恩宠和纯粹来，毋宁说包含了许多盎格鲁—撒克逊的恣意妄想的基督教——嫁接到武士道这个树干上只是一根幼弱的树芽。新信仰的宣传者们应当把树干、树根、树枝全部连根拔掉，而在荒地上去播种福音的种子吗？像这样的英勇办法——也许在夏威夷是可能的吧。在那里，据称战斗性的教会在榨取财富和灭绝土著种族方面已取得完全成功。然而，这样的办法在日本却是完全绝对不可能的——不，这是耶稣本人在建立其地上王国时所决不会采

用的方法。

我们应该牢记那位虔诚的基督徒，而且是深邃的学者周伊特 141
所论述的下面的话：

> “人们把世界区分为异教徒和基督教徒，然而并不去考察在前者中究竟隐藏着多少善，而在后者中究竟混杂着多少恶。他们拿自己的最善部分去同邻人的最恶部分相比较，拿基督教的理想去同希腊或东方的腐败相比较。他们并不寻求公平，而以汇集一切能够说明自己宗教优点的事、一切能用以贬抑其他形式的宗教的事为满足。”①

但是，尽管就个人来说会犯什么样的谬误，他们传教士所信仰的宗教的根本原理，无疑是我们在考虑武士道的未来时所必须考虑进去的一种力量。看来武士道的日子已经是屈指可数了。显示其未来的不祥之兆已弥漫于空中。不仅是征兆而已，而且各种强大势力的活动正在威胁着它。

① 周伊特（Jowett）：《论信仰与教义的讲道集》，第2章。——作者

第十七章　武士道的将来

143 像欧洲的骑士道和日本的武士道之间这样能够确切地进行历史比较的东西是少有的。如果认为历史能够重演的话，那么后者的命运必定会是前者的遭遇的重演。圣·帕拉所列举的骑士道衰落的特殊的地方性原因，对于日本的情况当然并不适用。不过，在中世纪及其后，对摧毁骑士和骑士道起过作用的、比较大的而且比较一般的各种原因，对于武士道的衰微也确实在起着作用。

在欧洲经验和日本经验之间的一个显著差别是，在欧洲，骑士道脱离封建制度时便为基督教会所养育，从而延长了新的寿命，与此相反，在日本并没有足以养育它的大宗教。因此，在母体制度即封建制度消逝时，武士道便成了孤儿遗留下来，任凭它自己去找去处。也许现在整顿过的军队组织可以把它置于其保护之下。不过，正如我们知道的，现代的战争对武士道的不断成长不会提供多大的余地。神道在武士道的幼年时哺育过它，而神道自己已经衰老了。中国古代的圣贤已被边沁、弥尔式的知识的暴发户所取代。
144 为了讨好现时代的好战的排他的倾向，从而被认为是很适合今天的要求的那种享乐倾向的伦理学说便被发明和提供出来了，不过，今天只不过在黄色报纸的专栏里还能听到那种刺耳的回响罢了。

各种各样的权限和权威都摆开阵势来对抗武士道。正如维布伦所说：已经出现的“原来的产业阶级之间的仪式性的礼法的衰微，换句话说，即生活的通俗化，在一切具有敏锐感受力的人们眼里，已被看作是浇季文明的主要祸害之一”。光是那耀武扬威的、民主主义难以抗拒的潮流，就有足够的力量来吞没武士道的残余。因为民主主义不会容忍任何形式或形态的托拉斯。然而武士道却是一个由垄断着知识及教养的预备资本的人们所组织的，决定着道德性质的等级及价值的托拉斯。现代的社会化的势力对抗区区的阶级精神。而骑士道却正如弗里曼所尖锐批评的那样，是一种阶级精神。现代社会，只要标榜哪怕是某种统一，就不会容忍“为了特权阶级利益而设计出来的纯粹的个人性的义务”。[1] 加上普及教育、产业技术、财富以及城市生活的发展——于是我们就能轻易懂得，不论是武士的刀的最锋利的刃也好，还是从武士道的最强劲的弓射出的最锐利的箭也好，都没有用武之地。在名誉的岩石上建设起来，并由名誉来捍卫的国家——是否应称之为名誉国家，或仿照卡莱尔那样称之为英雄国家呢？——正在迅速地落入用谬论武装起来的玩弄诡辩的法律家和胡说八道的政治家的掌中。当一位大思想家在谈到特里萨和安蒂冈尼[2]时所说过的话，“诞生他 145
们的热烈行为的环境已经永远消逝”，大概转用到武士也会合适的。

多么可悲呵，武士的德行！多么可悲呵，武士的骄傲！用锣鼓的响声欢迎进入人世的道德，有着同“将军们和国王们的逝去”一

① 弗里里(Freeman)：《诺曼的征服》，第 5 卷，第 482 页。

② 特里萨：17 世纪的小说中，荷兰的勇将马泽伯的爱人(拜伦《马泽伯》)；安蒂冈尼：底比斯国王俄狄甫斯的女儿。

道消失的命运。

如果说历史可以教导我们什么东西的话，那就是建立在武德之上的国家——不管是像斯巴达那样的城邦国家，或是像罗马那样的帝国——不会是在地上“保持其永恒的都市”。虽说人身上的战斗本能是普遍的而且是天然的，并且是产生高尚感情和男子汉的德性的，但它并不是囊括了人的全部的东西。在战斗的本能之下，潜藏着更为神圣的本能。这就是爱。神道、孟子、以及王阳明都曾清楚地用它来进行过教导，这点我们已经看到了。但是，武士道以及其他一切军事型的伦理，却无疑由于过分埋头于直接的、实际上所必需的各种问题，而对于上述事实每每忘记了给以恰当的重视。今天正在要求我们注意的东西，是比武人的使命更高更广的使命。随着扩大了的人生观、民主主义的发展、有关其他国民其他国家的知识的增进，孔子的仁的思想——佛教的慈悲思想也应附加于此？——大概会扩大到基督教的爱的观念。人已不是臣民，已发展到公民的地位。不，他们超过公民之上——而是人了。虽然战云阴暗地密布在我们的地平线上，我们相信和
146 平天使的翅膀会把它驱散。世界的历史会证实“柔和的人将继承大地”的预言。出卖了和平的长子权，并且从产业主义的前线后退下来，转移到侵略主义战线的国民，完全是在做毫无价值的买卖！

在社会状态已经变化到不仅是反对武士道，而且甚至变成敌对性的今天，已到应为其光荣的殡葬做准备的时候。指出骑士道的死亡时间是困难的，正如决定其开始的准确时间是困难的一样。米勒博士说，骑士道是因法国的亨利二世在比武中被杀的1559年

而被正式废除的。在我国，1870 年〔明治三年〕的废藩置县的诏令就是敲响武士道的丧钟的信号。在此 5 年后发布了废刀令，便喧嚣地送走了作为“无偿地获得一生恩宠、低廉的国防、男子汉的情操和英雄事业的保姆”的旧时代，喧嚣地迎来了“诡辩家、经济学家、谋略家”的新时代。

有人说，日本最近在同中国的战争中获胜是靠村田枪和克虏伯炮。又说，这个胜利是现代的学校制度发挥的作用。但是，这些话连片面的真理也不是。即使是埃尔巴或斯坦韦①制造的最精良的钢琴，不经著名音乐家之手，它本身能弹奏出李斯特的狂想曲或者贝多芬的奏鸣曲吗？再者，如果说枪炮是能打胜仗的东西，那么为什么路易·拿破仑未能用他的密特莱尔兹式机关枪去打败普鲁士军队呢？或者，西班牙人为什么未能用他们的毛瑟枪去打败只
不过是用旧式的来明顿枪武装起来的菲律宾人呢？注入活力的是 147
精神，没有它即使是最精良的器具几乎也是无益的，这种陈腐的话无需再重复了。最先进的枪炮也不能自行发射，最现代化的教育制度也不能使懦夫变成勇士。不！在鸭绿江，在朝鲜以及满洲，打胜仗的乃是指导我们双手，让我们的心脏搏动的、我们的父辈祖辈的威灵。这些威灵、我们勇敢的祖先的灵魂，并没有死，那些明眼人会清楚看得见。即使具有最进步思想的日本人，如果在他的皮肤上划上一道伤痕来看的话，伤痕下就会出现一个武士的影子。名誉、勇气以及其他一切武德的伟大遗产，正如克拉姆教授十分恰当地表达的那样，“只不过是我们的寄托财产，是不能从死者和将

① Ehrbar，Steinway 两人都是西方历史上有名的钢琴制造家。——译者

来的子孙那里夺走的俸禄。”而现在的使命就是保护这个遗产，使古来的精神的一点一画也不受损害，未来的使命则是扩大其范围，在人生的一切行动和关系中加以应用。

有人预言，封建的日本道德体系会同其城郭一样崩溃下去，变为尘土，而新的道德将像不死鸟那样为引导新日本前进而建立起来，而这个预言已由过去半个世纪所发生的事情得到证实。这样预言的实现是值得高兴的，而且也是能够发生的，但不要忘记，不死鸟仅仅是从它本身的灰烬中复活起来，它并不是候鸟，再者，也不是假借别的鸟儿的翅膀飞翔。“上帝之国即在汝等之中。”它既
148 不是从多么高的山上滚落下来的，也不是从多么宽阔的大海航渡过来的。《古兰经》说：“真主赐给各国国民以讲其国语言的预言者。”为日本人的心灵所证实而且所理解的神国的种子，在武士道上开出了花朵。可悲的是，还没等到它完全成熟，现在武士道的日子正要结束。而我们虽向四面八方寻求别的美与光明、力量与慰藉的源泉，但至今尚未发现能够代替它的东西。功利主义者及唯物主义者的盈亏哲学，成了那只有半个灵魂的强词夺理者的爱好。足以同功利主义及唯物主义相对抗的强有力的伦理体系就只有基督教了，与它相比，必须承认，武士道就如同“冒了烟的亚麻秆”一样。但是，救世主宣称，不是要把它熄灭掉，而是要煽动它发出火焰。和救世主的先驱、希伯来的预言家们，其中的以赛亚、耶利米、阿莫斯和哈巴谷等一样，武士道特别注重统治者、公务员及国民的道德行为。与此相反，基督的道德由于几乎专门是关于个人，以及基督信徒个人的，所以随着个人主义在道德因素的资质上力量的增长，实际应用的范围就会扩大。尼采所说的专制的、自我肯定

的主人道德，在某些方面接近武士道。然而，如果我没有太大误解的话，它是同样由于尼采的病态的歪曲，对于拿撒勒人的谦逊的、自我否定的、被称为奴隶道德的一种过渡的现象，或者暂时的反动。

基督教和唯物主义（包括功利主义）——将来或许会还原为所 149
谓希伯来主义和希腊主义的更古老的形式？——会把世界瓜分了。较小的道德体系考虑到自己的继续生存大概会同两者中的哪一方联合吧。武士道会同哪一方联合呢？由于它并没有任何概括起来的教义或公式可遵循，所以作为整体，将任其本身消失，像樱花一样甘愿在清晨的一阵和风中散去。然而完全灭绝，决不会是它的命运。谁能够说斯多噶主义已经灭亡了呢？它作为体系已经灭亡了，但是作为美德却还活着。它的精力和活力，今天仍然在人世的诸多方面——在西方各国的哲学中，在整个文明世界的法律中，可以感觉到。不，只要人们还为使自己超出他自身之上而奋斗时，只要他通过自己的努力使灵魂支配肉体时，我们便会常常看到芝诺的不朽的教导在起作用。

武士道作为一个独立的伦理的训条也许会消失，但是它的威力大概不会从人间消亡。它的武勇的以及文德的教诲作为体系也许会毁灭。但是它的光辉、它的光荣，将会越过这些废墟而永世长存。正像象征它的花那样，当它在四方吹来的风中散落之后，仍然会用它的芬芳来丰富人世，来向人类祝福。百世之后，到了它的习惯已被埋葬，连它的名字也被忘掉之日，它的芳香也会从那“在路旁站着眺望”也见不到的遥远的山冈上随风飘来——这时，正如那个教友派诗人用美丽的语言所吟唱的那样：

对身边不知来自何处的芬芳，
旅人怀着感谢的心情，
停止脚步，脱下帽子，
去接受那来自空中的祝福。

图书在版编目(CIP)数据

武士道/(日)新渡户稻造著;张俊彦译. —北京:商务印书馆,2017
(汉译世界学术名著丛书:120 年纪念版:珍藏本)
ISBN 978-7-100-14559-6

Ⅰ. ①武… Ⅱ. ①新… ②张… Ⅲ. ①武士—道德规范—研究 Ⅳ. ①K313.03

中国版本图书馆 CIP 数据核字(2017)第 152419 号

汉译世界学术名著丛书
(120 年纪念版·珍藏本)
武 士 道
〔日〕新渡户稻造 著
张俊彦 译

商 务 印 书 馆 出 版
(北京王府井大街 36 号 邮政编码 100710)
商 务 印 书 馆 发 行
北京市十月印刷有限公司印刷
ISBN 978-7-100-14559-6

2017 年 12 月第 1 版 开本 710×1000 1/16
2017 年 12 月北京第 1 次印刷 印张 8¼
定价:40.00 元